「叱らない」が子どもを苦しめる

藪下遊／髙坂康雅
Yabushita Yu　Kosaka Yasumasa

JN052682

★──ちくまプリマー新書
449

目次 ＊ Contents

はじめに………11

第1章　子どもの不適応が変わってきた現代………15

1　不登校の歴史を振り返る………15
まだ説明可能だった不登校／説明ができない不登校の出現／不登校の多様化・あいまい化／不登校はどんな子どもにも起こるが……

2　「登校刺激を与えず、ゆっくり休ませる」はなぜ効果的なのか？………23
不登校の子どもたちは強い登校圧力にさらされてきた／「登校刺激を与えず、ゆっくり休ませる」という方針について／「学校には行くべき」と反する気持ちを抑え込む子どもたち／抑え込んだ気持ちが悪さをする／「登校刺激を与えず、ゆっくり休ませる」という方針の有効性／「学校には行くべき」という価値観の意義とその変化／意味がないというわけではないけれど……

3　従来のアプローチでは改善しない事例の出現………34

従来の不登校支援において大切なこと／従来のアプローチでは改善しない不登校の出現／本書で目指すこと

コラム　不登校はなぜ増えているのか？………42

第2章　成長に不可欠な「世界からの押し返し」の不足………49

1　思い通りにならないことに耐えられない子どもたち………49
「思い通りにならない場面」への強烈な拒否感／「思い通りにならないことを受け容れる」ために必要な経験／不快感を関係性の中で納めていくこと／「世界からの押し返し」が少ない子どもは不適応になりやすい

2　「世界からの押し返し」になっていない大人の関わり………61
「世界からの押し返し」を外注する／子どもの現実を「加工」する／子どもの環境を「操作」する／不快感から目を逸らすための「仲良し」／「押し返し」ができない教師

3　ネガティブな自分を受け容れられない子どもたち………74

私に「✓」を付けないで！／不登校の主因になり得る「ネガティブな自分を認められない」という特徴／学びの前提は「未熟であることへの不全感」／子どもたちが抱く「万能的な自己イメージ」／こころの奥底にある自信の無さ

4 学校で見られる具体的な不適応パターン……94
環境に対して過剰に適応しようとする／他の子どもが叱られているのが怖くて学校に行けない／他者を低く価値づける傾向と絶え間ない自己否定／苦しい状況を「操作」する／子どもの問題を抱えられない親の反応

コラム 反抗期って必要？……116

第3章 子どもの「不快」を回避する社会……123

1 何が子どもたちの不適応を生み出しているのか？……123
本書で「自己愛」という表現を用いない理由／従来の仮説との相違点について／社会背景が子どもたちの不適応を生み出している可能性

2 子どもを不快にできない社会……132
学校が変わることの意味／「要らない不快」と「成長のための不快」／「褒めて伸ばす」が変質してしまっている／「やりたいこと」と「できること」／社会の風潮が学校や家庭に降りてきている

3 外界と調和することへの拒否感……143
「なまはげ」が教えてくれる大切なこと／「外界と調和するつもりがない」というマインド／個性とは他者との関係の中で滲み出るもの／only one と one of them

4 外罰的な風潮の影響……152
「恥ずかしい」から「怖い」への推移／他責的なスタイルで生きていくリスク／「自由」と「責任」の連動性を学ぶこと

コラム それって誰の問題？……164

第4章　子どもが「ネガティブな自分」を受け容れていくために……171

1　「ネガティブな自分」を受け容れる……171
支援の目標を考える／「ネガティブな自分」と向き合う／「ネガティブな自分」に向き合わせるための要点／向き合わせることが効果的なのは期間限定である

2　親子関係をもとにしたアプローチ……188
親子関係から始めねばならないが、母屋を壊してはならない／子どもの状態像に対する親の価値観を確かめる／親が子どもの心理的課題を「正しく認識する」ことの価値／支えとしての「甘え」／「甘え」と「甘えではないもの」の弁別が絶対に必要／支えとしての「安全な対話」

3　本人との「付き合い方」……203
カウンセリングに来ることの意義／カウンセリングでの本人との「付き合い方」

4　学校との関係がこじれやすい家庭への対応……216

どんな事例を想定しているのか？／学校とのやり取りで見える特徴的なパターン／学校での対応／経過や予後について
コラム　You Message と I Message……233

第5章　予防のための落穂拾い……239
1　その他の不適応との関係……239
従来の不登校／ゲームにのめり込む／発達障害との弁別／身体症状との関わり
2　支援の落とし穴と予防について……252
見逃しやすい落とし穴／家庭でできる予防の例／学校でできる予防の例
3　最後に大切なことを……264
子どもたちに関わる大人たち／「誰が支援を行うのか」という視点
コラム　スクールカウンセラーは何をしている？……271

おわりに……277
引用文献・参考文献……279

はじめに

皆さん、はじめまして。著者の藪下遊と申します。普段はスクールカウンセラーとして、小学校・中学校・高校をはじめとした教育機関で働いています。子どもたちの不適応や問題には不登校、いじめ、自殺、自傷行為、非行など、さまざまなものがあります。私はこうした不適応や問題を示す子どもたちやその親へ支援を行っています。

さて、本書の『「叱らない」が子どもを苦しめる』というタイトルを見て、不思議に思われた方もおられるでしょう。現代の風潮として「褒めて伸ばす」が定着しており、子どもを「叱る」ことに対してマイナスイメージを抱いている方も多いのではないでしょうか。事実、私がスクールカウンセラーとして面接を行っていると、「子どもを叱ってはいけないと思っていました」と話される親は多くいます。

もちろん、子どもを「褒める」ことは大切です。しかし、「褒める」というアプローチを万能だと思われては困ります。私はよく「褒めて伸びるものもあれば、それでは伸びないものもある」「適切に叱ることで、子どもの成長を促すことができる」と親に伝えていますし、事実、子どもを適切に叱ることによって、子どもの不適応や問題が改善したという事例も多く経験しています。

また時には、「褒めて伸ばす」という現代において良いとされている価値観によって、かえって子どもが苦しんでいるという状況さえあるのです。彼らの苦しみは、彼らと違う時代を生きてきた大人世代では理解しづらいものですが、彼らの苦しみの「しくみ」を正しく理解しなければ、適切な支援を行うことはできません。ですから、本書のねらいは、現代の子どもたちが抱く苦しみの「しくみ」を描き出していくことになります。

私たちカウンセラーの世界では「傾聴――聴く」が大事とされてきました。きっと皆さんも「傾聴が大事」と耳にしたことがあるでしょう。カウンセラーからの質問が多かったり、喋りすぎると「ちゃんと聴けていない」と怒られたものです。

ですが、多くの子どもや親とのカウンセリングを経て、「傾聴――聴く」と同じくらい「質問する――訊《き》く」も大切だということを感じるようになりました。

不適応や問題の「しくみ」を理解した上でなされる質問によって、相手は「言いたいことが訊いてもらえた」「ちゃんと自分の問題について理解してくれている」という思いを抱きやすくなります。この種の質問であれば、カウンセラーの質問や喋りが多くても「よく聴いてもらえた」という感想が出てくることもあります。

それに「しくみ」を理解していれば、かなり早い段階から、不適応や問題の中核にアプローチしたり、親・先生と子どもの関わりを「改善しやすい方向」になるよう助言することができます。早けりゃ良いというわけではないのですが、子どもたちの不適応や問題をいたずらに長引かせることはあってはなりません。子どもが不適応や問題によって苛《さいな》まれる月日が長いほど、健やかな成長・発達に及ぼす影響は大きいものになってしまいます。

本書は、現代の子どもたちの不適応や問題に多い「しくみ」を描き出したものです。

従来、優勢だった考え方やアプローチとは異なるところもありますが、私自身が経験し、それなりに「良い結果」が得られていることを中心に編まれています。本書の一段落、一文、そのすべてをカウンセリングの経験に基づいて書きました。本書を手に取ってくださる方の役に立てば幸いです。

それと、本書の事例について述べておきます。

事例は、①本人および親から掲載許可の取れた事例、②いくつかの類似した事例を組み合わせたもの、になります（それとたまに私の子どものことも書いてあります）。①は本質を失わないことに留意しつつ、個人情報が特定されないように改変を加えてあります。また、②は厳密に言えばフィクションですが、実際の事例と遜色がないものになっているはずです。

それでは、本編に入っていきましょう。

第1章　子どもの不適応が変わってきた現代

1　不登校の歴史を振り返る

まだ説明可能だった不登校

本章では第二次世界大戦を起点に、不登校の歴史を振り返っていきましょう。それ以前になると、適切な統計資料もなかなか見つけられませんからね。第二次世界大戦後（だいたい一九四五年ごろ）は、非常にたくさんの「学校に行かない子ども」がいました。ですが、彼らは今の「不登校」とは異なるものでした。

この時代は、敗戦後の衛生環境の悪さから、病気や経済的困窮によって学校に来られない子どもが多くいました。また、「学校？　そんなところに行くくらいなら、家の仕事を手伝え」と考える親も多く、そうした親の教育への意識の低さは、そのまま子どもたちの登校意欲の低下につながっていました。こうした欠席現象にはれっきとした理由があり、社会的に子どもが学校に行かないことが問題視されることもありませんでした。

その後、戦後復興が進んでくると、徐々に家庭の経済状況も安定してきました。衛生環境も改善され、社会的にも進学することや学歴を持つことが「良い生活」「豊かな将来」につながるという高い期待が持てるようになってきました。小学校卒の人が多い時代でしたから、より高い学歴を有することが端的に「他の人よりも良い暮らし」につながっていたわけですね。こうした戦後復興の変化に伴い、「学校に行かない子ども」は急減することになりました。

説明ができない不登校の出現

「学校に行かない子ども」が減少し続けるなか、一九五〇年代に入ると都市部の裕福な家庭の子どもを中心に、それまでとはまったく異なる欠席現象が生じるようになりました。彼らは、学業にも、友人関係にも、教師との関係にもまったく問題がないにもかかわらず学校に行けず、本人たちも「学校へ行きたいのに行けない」という状態でした。

この「説明ができない不登校」に対して、説明を試みたのがアメリカのA.M.ジョンソンという研究者でした。

ジョンソンは、「説明ができない不登校」は学校への不安や恐怖によって生じているのではなく、「親から離れて過ごすことへの不安」から生じている、すなわち「分離不安」によって起こっている不登校であると考えたのです。

当時はまだまだ子育てがおおらかに行われていた時代でした。「おおらか」と言えば聞こえは良いかもしれませんが、実際は乱雑・粗野というイメージに近くて、今なら禁止されてしまうような乱暴な遊びが当たり前に行われ、子ども同士のケンカもしょっちゅうでした。

こうした社会全体の子育ての雰囲気に対して、都市部の裕福な家庭では子どもを知的でおだやかな雰囲気で育てることが多く、そんな中で育った子どもは、繊細な感受性をもつ内向的な子どもになりやすい傾向があったようです（もちろん、もともとの素質もあったでしょうけど）。

さて、そんな繊細で内向的な子どもが、「おおらか」に育てられた子ども集団に入ったら何が起こるでしょうか？　彼らにとってはカルチャーショックのような体験になることは想像に難くありませんね。とはいえ、不安と当惑を感じつつも集団になじもうとがんばっていく中で、大半の子どもたちは少しずつ学校の雰囲気になじんで、たくましくなっていきました。

ですが、なかにはつまずく子どもも出てきました。勉強はできるし、友達ともそれなりにうまく適応していても、こころの中では本人が気づかないうちに葛藤や緊張が高まり、学校に対して強い不安を感じる子どもたちもいたのです。こんな子どもたちが「安全な親から離れたくない」という無自覚の欲求を生じさせ、学校に行けないという状態として現われてきました。

当初、こうした子どもたちの状態について、学校に対して「合理性のない極端な恐れを抱いている」という様子から「学校恐怖症」と呼んでいました。しかし、前述のようなジョンソンの考え方が広がると「恐怖症という呼び方は適切ではない」とされ、それに代わる形で「登校拒否」という表現が用いられるようになりました。

不登校の多様化・あいまい化

一九六〇年代に入ると、小学校低学年に多かった「不登校」の子どもたちの年齢が徐々に上がり、小学校高学年そして中学生にまで拡大してきます。当然、ジョンソンの「分離不安」では説明できない状態像が増えることになり、支援者や専門家は新たな不登校に対する捉え方を模索することになります。

この時に、さまざまな不登校の類型（パターン）が示されましたが、いずれのパターンであっても、子どもの特徴と学校環境との相互作用で生じる心理的つまずきによって不登校に至っているという点で見解は一致していました。ちなみに、こうした類型化（パターン化）が可能だったのは、一九六〇年代はまだ「不登校になる子どもが少なかった」からです。

こうした時代に終わりがきたのが、一九七五年以降になります。

それまで下降を続けてきた中学生の長欠率（長期欠席者が在籍者に占める割合）が上昇に転じ、次いで小学生の長欠率も上昇に転じました。増加し続ける不登校が、社会問題として大きく取り上げられたのもこの時期になります。そして、不登校になる児童生徒の数が増えたことで、彼らの「共通特徴」を見つけることが難しくなり、その輪郭がぼやけてきました。このような不登校の多様化・あいまい化を受けて「登校拒否」ではなく、「不登校」というより客観的な表現が用いられるようになりました。

また、「学校という場」の問題が大きく取り上げられたのも、一九七〇～八〇年代になります。不登校を子ども個人やその家庭の問題とする見方を批判し、学歴社会や受験教育、管理教育などの教育体制が問題であるとする「不登校とは学校の問題」と捉える向きが出てきたわけです。こうした教育体制の問題の指摘に加え、体罰死、いじめ問題、校内暴力といった教育現場をめぐる諸現象が社会問題として取り上げられるようになったのもこの時代でした。

不登校はどんな子どもにも起こるが……

こうした状況の中、文部省（現在の文部科学省）が一九九二年に出した報告書で「不登校はどの子どもにも起こりうる」という見解を示しました。今現在登校できている子どもであっても、さまざまな要因が作用することで不登校になる可能性があるとして、子ども一人ひとりへの教職員の関わり方や、日々の教育活動のあり方を学校全体として見直すことを求めたわけです。

特に、児童生徒、保護者、教師の各個人が学校で感じる不安や悩みを受けとめることが大切とされ、その対応の一環として「こころの専門家」である臨床心理士などがスクールカウンセラーとして配置されたという経緯があります。スクールカウンセラー事業にとどまらず、文部省の不登校へのさまざまな取り組みは一九九二年の報告を起点にしています。

この文部省の報告書では「やみくもに登校刺激を与えるのではなく、待つことが大切」という支援方針についても言及されました。この「登校を第一としない」という考え方自体は、不登校の支援において長く採用されてきたものですが、文部省がこうした支援方針を明確に打ち出したこと、「積極的に再登校を目指す」という方針に対する批判がもともとあったこと、かつてほど不登校がマイノリティではなくなったことなどから、社会全体が「不登校が登校できるように」という考え方を持たなくなりました。

こうして「登校を第一とせず」「ゆっくりと休ませて」「その子のペースで」という不登校への支援方針が「専門家でなくても知っているよ」というくらいに広がりました。

一九九〇年代は、不登校が「ありふれた現象」として認識されるようになり、対応もある程度固定化し、社会的にはかつてほど問題として取り上げられることがなくなってきた時代でした。

これが二〇〇〇年代に入ると、別角度から再び「不登校」が社会的な課題として取り上げられる事態となります。「ひきこもり」の問題がクローズアップされたことで、「学校に行かない↓社会参加できない」という連続性が認識され始めたのです。

ただ、間違われやすいのですが、不登校状態になっている子どもの多くは、そのあと社会参加できています。しかし、一つの事実として「不登校」から「ひきこもり」に移行する事例は存在しますから、不登校が社会的な成熟の機会を少なくして、その後の社会参加を難しくする可能性も、やはり考えることが重要になるでしょう。

ここからは実際の支援について述べていきましょう。現在メジャーになっている「登校を第一としない」「やみくもに登校刺激を与えない」という支援方針が「なぜ効果的なのか？」を説明していきますね。

2 「登校刺激を与えず、ゆっくり休ませる」はなぜ効果的なのか？

不登校の子どもたちは強い登校圧力にさらされてきた

まずは、より理解を深めるために不登校の歴史を「社会からの登校圧力」という視点から見直してみましょう。

不登校になる児童生徒がごくわずかだった一九七五年以前はもちろんのこと、それ以降のほとんどの時代において、不登校の児童生徒に対する世間の考え方は「学校には行くべき」「学校に行くことは大事だ」というものが大勢を占めていました。

文部省から「不登校は誰にでも起こり得る」という見解が示されたのが一九九二年ですが、そう簡単にこの世間の考え方が変わるものではありません。不登校に対する考え方はかなり地域差（というか都会と地方の差）があるので、一概には言えませんが、世間に「学校に行かないという選択もある」という認識が出てきたのはここ一〇年くらいのことだというのが私の実感になります。

つまり、不登校が社会的に認識をされて以来、不登校を取り巻く環境としては、社会も学校も、そして多くの家庭も「学校には行くべき」「学校には行った方が良い」という考えを共有していたのです。こうした、登校することが当たり前の時代を生きてきた不登校の子どもたちやその家族は、登校をめぐる心理的圧力を常に感じていました。

「登校刺激を与えず、ゆっくり休ませる」という方針について

さて、このような「学校に行くべき」という風潮が強かった時代、そういう考え方を世間も学校も家庭も共有していた時代において、積極的に採用されてきたのが「登校を第一としない」「登校刺激を与えない」「ゆっくり休ませる」といった方針でした。そして、この方針は一九九二年の文部省の報告書において「やみくもに登校刺激を与えるのではなく、待つことが大切」という形で世間的に広く示されたのも前にお話しした通りです。

ここで先ほどの疑問を振り返っておきます。

「登校を第一としない」「登校刺激を与えない」「ゆっくり休ませる」といった方針が、今のように市民権を得るまでになったのはなぜでしょうか？　そういった方針が、なぜ

ここまで受け入れられるに至ったのでしょうか？
答えは簡単ですね。こういう方針が「不登校の改善に効果的」だったからです。不登校の改善を「再登校」に限定することは避けるべきですが、これまで述べてきた時代の流れからもわかる通り、社会・学校・家庭において「学校には行くべき」という価値観が非常に強い中においては、結果として「登校する」ことが重要でした。

こうした時代背景において、結果として登校が再開しないような支援方針が根付くということはあり得ません。「最終的には登校するという結果」が見えていたからこそ、「登校刺激を与えず、ゆっくり休ませる」という方針が市民権を得て、専門家・非専門家の間で広く共有されてきたわけです。

「学校には行くべき」と反する気持ちを抑え込む子どもたち

なぜ不登校になった子どもたちの多くが「登校刺激を与えず、ゆっくり休ませる」という方針のもとで再登校につながっていったのでしょうか？　多くの不登校の子どもたちが再登校をしていくのを見る中で、「おおむね間違ってはいないだろう」と思われる説明をしていこうと思います。

まず、これまでも述べてきたように、かつて社会・学校・家庭は「学校には行くべき」という価値観を共有していました。そして、そういう考えを前提とする環境の中で育った子どもたちの心にもまた、「学校には行くべき」という価値観が刻まれているのが自然でした。

特に不登校になる子どもたちは、そうした周囲の価値観や欲求を読み取る才能（要するに空気を読む才能）が強い場合が多く、そうして読み取った価値観や欲求に対して「自分を抑えて合わせようとする才能」も持ち合わせている場合が多かったように思います。これらの才能は、社会的には非常に価値が高いものではありますが（だから、かつての不登校の子どもには「優等生の息切れ型」も挙げられていた）、それが幼少期から際立っていたり、それらの才能が活用されすぎてしまう状況（空気を読み、自分を抑えないと機能しない家庭環境など）になると、才能によって本人が苦しむという皮肉な形になってしまうわけです。

そうした「学校に行くべき」という価値観を無自覚のうちに強く内在化させてきた子

どもたちは、それと反するような気持ち（勉強大変だな、○○さんとケンカしたから学校嫌だなぁ、などの誰しもが感じる学校への抵抗感）を抑え込みながら学校に通うことになります。大多数の子どもは、「学校に行くべき」という価値観を持っていたとしても、それと反するような気持ちも自覚し、表現しているわけですが（要するに、駄々をこねる、八つ当たりする、甘えるなど。親は大変だけど、だからこそ不登校にならずにすむ）、不登校になりやすい子どもほど、登校と反するような気持ちを抑え込む傾向にあったのです。

抑え込んだ気持ちが悪さをする

心理学を代表する学派の一つに、こうした「抑え込んだ気持ち」がいろいろな症状や問題として表現されるという考え方があります。一見して何の問題もなく元気に登校できているようでも、本人の心の内にはそれとはまったく逆の思いが封印されているということになるわけです。

こうした状況の中で、気持ちの抑え込みが限界を迎えたり、子どもの発達（一〇歳前後になると「自分の気持ち」が出やすくなる）などの変化によって、それまで何とか保っていたバランスが崩壊すると、さまざまな症状や問題が出てくるようになります。それが「理由はないけど、どうしても行けない」という状態だったり、腹痛や頭痛などの身体の不調、朝起きられない、悲しくないのに涙が出てくる、といったものであり、こうした状態が続くことで登校が困難になるわけです。

不登校状態になったとしても、本人は「学校に行くべき」と思っていますから、「来週からは学校に行く」などと話しますが、当日になると登校できないことがほとんどです。抑え込んだ思い＝学校に行くべきという価値観と反する気持ちが、当日になると抑え込んだぶん利子を付けて湧き出てきて、動くことができなくなるわけですね。これを家族などが「嘘《うそ》つきだ」と責めるのは百害あって一利なしですから、支援者はこうしたしくみについてきちんと説明できることが求められます。

こういう経緯で、本人も登校しなければならないと理解しているけど、どうしても登校が難しいという「不合理な欠席現象」が生じることになります。すべての不登校の子どもにこうした説明が合致するというわけではありませんが、特に社会・学校・家庭が「学校には行くべき」という価値観を強く共有していた時代には、こうした「抑え込んだ気持ちが悪さをする」というしくみが、程度に差はあったとしても多くの不登校の子どもたちに存在していたと言えます。

「登校刺激を与えず、ゆっくり休ませる」という方針の有効性

こうした子どもたちに対して、「登校刺激を与えず、ゆっくり休ませる」という方針は非常に有効なものでした。

「抑え込んだ気持ち」が悪さをするのであれば、気持ちを抑え込まなくてよい状況を作ることが重要になるのは理屈としてはわかりやすいと思います。学校に行くことを第一とせず、家の中で安心して過ごせるようにすることで、それまで抑え込んでいた気持ちが表に出やすくしてあげるわけですね。

この環境の調整によって、もともと持っていた「学校に行くべき」という価値観と、湧き出てきた「登校と反する気持ち」の間で葛藤が生じるわけですが、この葛藤は「人として自然なもの」であると言えます。不登校の子どもたちは、「学校に行くべきという価値観」と、ようやく意識した「登校と反する気持ち」の間で揺れ動き、生身の苦し

みを味わいます。このように聞くと「苦しいのは良くない」と思いがちですが、こうした葛藤は子どもの心理的成長と再登校に欠かせないものでした。

カウンセリングの大きな流派の一つである「精神分析」を創始したフロイトという人は、意識された苦しいぶつかり合いを作ることが治癒への道であると考えていました。この背景には「人は正常な葛藤に直面することで道を拓《ひら》いてゆけるものだ」という、人間への信頼の姿勢があったのだと思います。事実、かつての不登校の子どもたちの多くは、葛藤を通して自分の内面を見つめ、模索し、大幅な心理的成長を見せました。かつて不登校が「さなぎの時期」と称されたのは、こうした葛藤を経ての心理的成長が見られたからに他なりません。

このように、意識された生身の苦しみの実感が伴っている葛藤は、子どもの成長や改善を引き出す正常な葛藤であると言えます。支援者が行う「共感」と呼ばれている情緒的寄り添いが、この葛藤維持のための大きな力になります。また、子どもの周りのすべての人々の「共感」が、支援者の力不足を補ってくれます。ですから、支援者は、「成長や改善に資する葛藤」の意味を周りの人々に伝える翻訳者の仕事をすすんで引き受けることが望ましいです。

なお、このことからもわかる通り、カウンセリングは「悩みを解決するための営み」と考えられがちですが、実際には「悩むべきことを、きちんと悩めるようにするための営み」であるというのが本質的なところです。

「学校には行くべき」という価値観の意義とその変化

ここまでが「学校には行くべき」という時代を生きた不登校の子どもたちに対して行われていた、「登校刺激を与えず、ゆっくり休ませる」という支援のしくみになります。多くの専門家たちは、単に子どもたちの負担を減らすために何となく「登校刺激を与えない」としていたのではなく、戦略的な意図をもって「登校刺激を与えない」という方針を採用していたことが理解できると思います。

このことは、一つの結論を導きます。それは「登校刺激を与えず、ゆっくり休ませる」という方針が有効だったのは、子どもの内面に「学校には行くべき」という価値観が多少なりとも存在していたからということです。言い換えれば、「登校刺激を与えず、ゆっくり休ませる」という支援方針は、子どもたちの内面にある「学校には行くべき」という価値観に依存していたということなのです。

しかし、時代は移り変わっています。

現代において「学校には行くべき」という価値観は、かつてに比べれば大幅に減圧されました。学校に行くことがすべてではなく、子どもたちの多様性を認め、子どもたちに合う学校環境を整えよう、学校以外の選択肢を増やそうという考え方が中心を占めるようになってきました。

二〇一六年に教育機会確保法（義務教育の段階における普通教育に相当する教育の機会の確保等に関する法律）が成立・公布されたことも大きかったように感じています。この法律を発端に、学びの多様化学校・教育支援センターの設置促進、フリースクールなどに通う場合の負担軽減の在り方、フリースクールや親の会など民間の団体と協力していくことなどが示されました。不登校の子どもに対する考え方として、強いて公教育に復帰しなくてもフリースクール等で良い、高卒認定試験を受ければ良いといったような選択肢の広がりが生まれ、不登校の子どもへの支援が社会的にも変化してきているわけです。

このことは、当然、今まで述べてきたような「登校刺激を与えず、ゆっくり休ませる」という方針による改善の効果が、減じてくるということを意味します。これは少し皮肉な話です。社会問題になるほど多くの不登校の子どもたちが出てきて、社会・学校・家庭が「学校には行くべき」という価値観を修正し、子どもたちに寄り添うような価値観に移行するほど、「登校刺激を与えず、ゆっくり休ませる」という方針の有効性は下がってくるわけです。

意味がないというわけではないけれど……

しかし、この方針が無意味というわけではありません。あくまでも、葛藤を引き出すことによる成長・改善という方向性が出にくくなったという意味であり、「効果が限定的になった」ぐらいで捉えておいてもらえると良いだろうと思っています。

例えば、いじめなどの明らかに環境要因が大きい不登校や学校環境が明確な精神的負担になっていると見なされる事例などに対しては、そうした環境からいったん遠ざかるということがプラスに働くということもあり得ます。

ただし、それもすべての事例に対して有効というわけではなく、子どもを休ませるという選択をしたとしても、今度は「休み続けることによる学校への行きにくさ」がもともとの問題に上乗せされるリスクも考えておかねばなりません。

物理学の世界で静止摩擦（止まっているものを動かすときの摩擦力）と動摩擦（物が動いているときの摩擦力）という言葉がありますが、止まっているものを動かすときの摩擦力の方が大きいんですね。これは不登校でも同じで、休んでいる状態から動き出すときにもっともエネルギーを使うものです。ですから、「休み続けることによる学校への行きにくさ」も念頭に置いて、しっかりとした専門的な見通しのもとで「環境から遠ざかるために休む」という方針を選択することが重要です。なお、個人的な経験として「ただ休ませるだけで良くなる不登校」というのは、あっても少数です。

3　従来のアプローチでは改善しない事例の出現

従来の不登校支援において大切なこと

従来の不登校の子どもへの支援を通して、私たち支援者は子どもたちへの支援において大切なことをたくさん学んできました。

まずは、子どもの内に「改善を志向する力」があり、それを「信じること」が重要であるという考え方です。無理に学校に行かせようとするという環境では「改善を志向する力」が阻害されてしまうので、「登校刺激を与えない」ことで子どもの心身を安定させることを重要視するようになりました。支援においては「どうやったら子どもが安心して過ごせるようになるか」を中核に据えて、子どもを情緒的に支えたり、家族環境を調整することが重要でした。

次に、悩むことや葛藤することを通して人間が成長するという認識です。子どもたちが置かれた状況のなかで「悩むべき悩みを悩んでいる」のであれば、それを奪うのではなく、悩みを抱えている子どもを支えることが重要になります。一見して否定的な状態であっても、子どもが「悩むべき悩みを悩んでいる」のであれば、その状態の大切さを認識し、子どもを情緒的に支えると共に、周囲に伝達する等の専門的な視点を踏まえたアプローチを行うことで改善を促してきました。

また、子どもの内に「改善を志向する力」があるからこそ、外部からの刺激は「小さく・浅く・控えめ」になります。例えば、担任が不登校の子どもに手紙を送る場合、内容として「この前の土日は何をしていましたか？　先生は○○をしていました」とするか、「この前の土日に先生は○○をしていました。あなたは何をしていましたか？」とするのでは、前者の方が「答えなければならない圧力」は低いことがわかると思います。改善が進んでいる子どもであっても、自分の力でいざ動くとなると簡単ではありません。そういう時に、このような「控えめな外部刺激」を通して、子どもが動き出す後押しをしてあげることが重要になります。

従来のアプローチでは改善しない不登校の出現

ここまでに述べた、本人に「改善を志向する力」があると信じ、それが働きやすい状況や環境になるよう調整すること、停滞あるいは一種の平衡状態に陥っているなら、支援の母屋である「改善を志向する力」を損なわない程度の外部刺激を与える、という流れは不登校支援に限定されるものではなく、多くの心理的不調への支援に採用されている一般的原則であると言えます。

私自身、この一般的原則に基づいて子どもたちの不適応の改善を図ってきて、それなりの効果を実感していました。しかし、ここ数年、子どもたちの不適応のあり様が変わり、対応も一筋縄ではいかないと感じる事例が増えました。詳しい内容は第2章で述べていきますが、近年よく見るようになった学校での不適応を挙げると以下のような事例になります。

【事例1：高校入学後も不登校状態が継続した男子】

中学校二年生の男子。不登校状態となったが、母親がサポーティブに接するうちに「誰にも見つからないなら」ということで、時間や場所を調整して別室での対応が可能となる。別室では、自分ができることはするが、苦手なことは一切手を付けないという姿勢を維持する。担任らも「苦手なら仕方ないか」とその姿を認め、苦手なことを提案するのは控えていた。その状態のまま受験期を迎え、「推薦で入れそうな高校」を希望し、無事に合格したものの高校入学後すぐに不登校となる。

従来は、本人にとってサポーティブな状況を構築することで、自然と登校への意欲と葛藤が見られましたが、そういうケースが減り、苦手なことに手を付けない状態が維持されていたり、高校入学後にも不登校が継続したりと、本質的な改善が生じていない事例を経験することが増えました。

【事例2：算数がある日に休みたがる女子】

小学校一年生の女子。「二回算数がある日は学校に行きたくない」と話し、親もそれを受け入れて、女子の言う通り学校を休ませている。当初は「算数が二回ある特定の曜日」だけ休んでいたが、徐々にそれ以外の曜日も休むようになる。

近年の不登校は「低年齢化」してきていることが一つの特徴です。加えて、多くの人が「不登校になるのは仕方ないよなぁ」と感じるような事情がなくても、小さなつまずきで不登校が起きるようになりました。さらに、「よくよくの事情」でないにもかかわらず、親が子どもを学校に行かせようとしないパターンも多く見られるようになりました。

【事例３：不遜な言動が目立つ男子生徒】

中学校一年生の男子。教室では大人しい性格だったが、不登校になり相談室で過ごすようになると、机の上に足をのせて「本当の俺はこんな感じだ」などと話す。また、他の生徒が相談室を利用すると「コイツがいるなら嫌だ」と帰ったり、対応する支援員に悪態をつくなど不遜な言動が目立つ。

このような不遜な姿を示す不登校の子どもも、かつてよりずいぶん増えてきました。以前なら、サポーティブなこちらの姿に対して「ありがとうございます」というスタンスが見られましたが、近年は「それが当たり前」という認識でいるようになりました。「有難う」と「当たり前」は対義語ですから、子どもたちの認識が逆転していると取れるかもしれません。自身の快不快を隠そうとせず、それに基づいて物事を判断するというあり様も目立つようになってきました。

また、このような不遜な振る舞いが家庭内で強まり、自分は一切動かずに親をあごで使うようになったり、思い通りにならないと暴言・暴力で状況を変えようとする事例もかつてより見られるようになるなど、従来の不登校へのアプローチだけでは対処しきれない事例と出会うようになってきました。

本書で目指すこと

心理的な問題や課題に対して、支援者が見通しと計画をもって支援を進めていくためには、ひとつの「ストーリー」を必要とします。その「問題や課題」の成り立ち、本性、改善の道筋などを含む、とりあえず辻褄《つじつま》のある「ストーリー」です。なぜ従来の対応では改善しづらいのか、どうして不登校が低年齢化してきたのか、小さなつまずきで不適応に陥りやすくなったのはなぜか、不遜な振る舞いが前面に出ている事例をどう捉え、対応していくべきなのか。こうした事態を説明する「ストーリー」を持つことで、支援者は支援の足掛かりを得ることになります。

本書ではまず、学校現場で増加してきた子どもたちの不適応を具体的に紹介し、それと関連が深い特徴や環境について述べていきます。また、そうした特徴や環境が生じた要因の一つとして社会文化的な変化を紹介します。その上で、私自身が対応し「それなりに効果が見られた」と確認できている支援の方針について述べていきます。これら全体の記述を通して、「ストーリー」の提示となることを目指します。

コラム　不登校はなぜ増えているのか？

皆さん、こんにちは。コラムを担当する髙坂康雅《こうさかやすまさ》といいます。私は大学で心理学を教える傍ら、不登校・不登校傾向の小・中学生に大学へ来てもらい、大学生などと交流するという活動を一〇年以上しています。スペースの問題もあって受け入れられる小・中学生の数には限りがあるため、いつも満員になっています。加えて、空きが出たら通いたいと言って、空きが出るのを待っている方もいる状態です。

一〇年以上、地域で不登校支援をしていて感じるのは、不登校や不登校傾向の子どもが増えているということです。これは私の住んでいる地域に限ったことではなく、実際に全国的に不登校や不登校傾向の子どもは増えています。文部科学省が毎年行っている「児童生徒の問題行動・不登校等生徒指導上の諸課題に関する調査」というのがあります。不登校に関する基本的なデータとして、よく使われているものです。現時点で最新の令和四年度（二〇二二年度）のデータをみると、小学生は全国で一〇万五一一二人、中学生は一九万三九三六人が不登校であったとされています。この数字だけをみても、多いのか少ないのかイメージがつきにくいと思いますが、小学生や中学生の全体の数からみると、小学生は約五九人に一人、中学生は約一七人に一人が不登校となっている計算になります。小学生では二クラスに一人くらい不登校の子がいて、中学生になると一クラスに二、三人程度は不登校の子がいるということになります。このようにみると、不登校の子は意外と（？）多いことがわかるかと思います。

ところで、不登校というと、長期間ずっと学校に来ない子のことをイメージしませんか。先ほどの調査において、不登校とは、「何らかの心理的、情緒的、身体的、あるいは社会的要因・背景により、児童生徒が登校しないあるいはしたくともできない状況にある者（ただし、「病気」や「経済的理由」、「新型コロナウイルスの感染回避」による者を除く。）であり、一年間に三〇日以上欠席をしたもの」とされています。小学校や中学校では、通常一年間で二九週程度授業などが行われていますから、三〇日以上の欠席で「不登校」としてカウントされるということは、たとえば毎週月曜日は休むけど、火曜日から金曜日はちゃんと学校に来ている子も、この調査では「不登校」として扱われる可能性があります。また、遅刻や早退、保健室登校などは登校したことになる（欠席ではない）ので、頻繁に遅刻や早退をしていたり、自分のクラスに入らず保健室や別室（空き教室など）で過ごしている子は、少なくともこの調査では「不登校」とはカウントされません。でも、そのような子も不登校傾向であることは間違いないので、早めに何らかの対応・支援をしなければ、不登校になってしまう可能性が高いです。

そしてこの二〇二二年度の不登校の人数を一〇年前と比較してみると、この一〇年間で不登校の小学生は約四・九倍、中学生は約二・一倍になっています。さらに細かく見ていくと、中学三年生は六万九五四四人で一〇年前と比べて約一・九倍、中一ギャップなどという言葉で不適応が生じやすい時期とされる中学一年生は五万三七七〇人で約二・五倍となっています。小学生では、六年生は約四・四倍の三万七七一人、一年生では約七・〇倍の六六六八人となっています。実数でみれば、圧倒的に中学生の方が多いのですが、増加率でみると、中学生よりも小学生で、小学校の高学年よりも低学年で、不登校になる子が増えていると言えます。

では、なぜこんなに不登校の子が増えているのでしょう。先ほどから紹介している文部科学省の調査では、不登校の要因として「本人の無気力・不安」「生活リズムの乱れ、遊び、非行」「親子の関わり方」「いじめを除く友人関係をめぐる問題」などが多くあげられています。ほかにも、いじめ、勉強についていけない、厳しい部活動など、不登校の要因として考えられるものはたくさんあると思います。ですが、激しいいじめや教師からの暴力など、極めて明確な原因が存在しない限り、不登校の原因はよくわからないというのが実際のところだと思います。「よくわからない」というよりも、様々な要因・背景が複雑に絡まっていて、たったひとつに限定できないという方が正確かもしれません。しかもそれが、子ども本人や親・家族、友人、教師など特定の誰かのせいにできるようなものだけではなく、時代的・社会的な背景も関わっていると考えると、さらに複雑です。

たとえば、第1章では不登校に対して「登校刺激を与えない」「ゆっくり休ませる」という方針が広まったことが書かれています。もしかしたら、不登校の子のなかには、登校刺激を与え、多少無理やりにでも学校に連れていったら、なんとか学校に行けた子もいたかもしれません（それがよいとは思いませんが）。ですが、今はそれをしないことで、学校に行かせようとする圧力が弱まりました。また、フリースクールのような学校以外の居場所がどんどん増えています。なかにはオンライン上でアバターを通してコミュニケーションをしたり、勉強したりするところもあります。以前は、学校に行かなければ、勉強もできず、同年代の子と関わったりすることができなかったのですが、今は色々なところ、自分に合った方法で勉強もコミュニケーションもすることができます。

また、中学校で長期の不登校になると勉強についていけませんし、成績もつかないのですが、そのような子でも、近年では通信制高校などが受け皿となって、高校に進学することができます。そこでの学習を通して大学に進学する子も少なくありません。さらに言えば、かつてのように「よい成績をとって、よい（偏差値の高い）高校・大学に行く」ことが必ずしも社会的な成功をもたらすような社会でもありません。行った先の高校で勉強などが取り戻せるなら、あえてつらい思いや苦しい思いをしてまで今の学校に行かなくてもよいと考える子どもが増えていくのも、当然のことのように思えます。このように周りに少しずつ学校に行かないことを選ぶ子が出てくると、同じように学校に行くのがつらい、教室にいるのが苦しいと思っている子が、その子のマネをして、学校に行かないという選択をするようになります。他の人がやっているのをみて、それをマネることを心理学では社会的学習と呼びますが、不登校についても、身近に不登校になっている子がいるのをみて、同じように不登校になることを選ぶ子もいるわけです。このように、不登校が問題視され、それに対応しようとして社会が変わっていくことが、結果として不登校を増やす要因・背景となっていると考えることもできるのです。

でも、私はそんな社会が悪いとは考えていません。世の中にはしなくてよいはずの苦しい思いもたくさんあるので、子どもたちにとって選択肢が増えることは、基本的にはとてもよいことだと言えるでしょう。そのうえで、親やカウンセラー、学校などといっしょに、その子にとってもっともよい状態・環境を考えていくことが重要です。

第2章　成長に不可欠な「世界からの押し返し」の不足

1　思い通りにならないことに耐えられない子どもたち

「思い通りにならない場面」への強烈な拒否感

最近の、学校で現れる子どもたちの不適応の特徴の一つとして「思い通りにならないことに耐えられない」ということがあります。

これだけではわかりにくいと思いますから、いくつか例を示しましょう。

【事例1：授業時間が長いから学校に行かない】

小学校一年生の男子。小学校入学後しばらくしてから登校を渋るようになる。理由は「授業時間が長いから」と話す。学校としては、親に送り出してほしいという思いはあるが、「本人が嫌がるので」と親は子どもに言われるがままである。五月雨式の登校は続き、学年が上がってもその傾向は変わらず、もともと学力には問題がなかったにもかかわらず、徐々に学力の低下が起こり、それがまた登校の難しさにつながるという悪循環になっている。

【事例2：都合が悪い状況で「いじめ」と主張する男子】

小学校四年生の男子。同級生とのやり取りで自分の要求が通らない状況や否定的な場面で「いじめられた」と主張する。例えば、自分がやりたい遊びができないとき、ドッジボールで当てられたときなどにそういった発言が見られる。親は男子がいじめられていると考え、対応や謝罪を学校に要求する。

この二つの事例の印象はずいぶん異なるものだと思いますが、共通しているのは「思い通りにならない場面」に対して不満や拒否感を抱えているということです。事例2の「やりたい遊びができない」などの「思い通りにならない場面」は、学校をはじめとした社会的な場で活動する上では避けられないものですが、近年、増加している不登校や学校で不適応を示す子どもたちの中には、こうした状況に対する拒否感が中核になっている場合があるのです。

どうして彼らはここまで「思い通りにならない場面」に対して不快を覚えてしまうのでしょうか？

「思い通りにならないことを受け容れる」ために必要な経験

子どもが生まれてから一歳くらいまでは、外の世界とあまり積極的に関わることはせず、親子はべったりとした関係性の中で過ごすことになります。この間、子どもは親から大切にされることで基本的信頼感（世界に対して安心できるという実感）を育むと同時に、子どもの行い一つひとつに親が反応し、対応することで能動的な力の感覚（積極的に世界に働きかけていく力。自信の萌芽《ほうが》でもある）を身に付けていきます。

子どもが一歳を過ぎるころには、歩けるようになるなどの身体的発達が見られるようになります。こうした身体的発達に、基本的信頼感や能動性の高まりが加わることで、「安全な親から離れて、外の世界に働きかけても大丈夫」という安心感をもって「外の世界」と関わるようになります。

このように一歳を過ぎたあたりから、子どもは「外の世界」と本格的に関わり始めるわけですが、まだまだ分別がつかない子どもですから、やってはいけないことをたくさんやってしまいます。回っている扇風機に指を突っ込もうとしたり、階段から落ちそうになったり、高いところに登ろうとしたり、とにかく親がハラハラしたり、びっくりするようなことを平気でします。

こういうことを子どもがやりそうになったときに、親を中心とした「外の世界」に求められるのは、子どもの行動に対して適切に「押し返す」ということです。この「世界から押し返される」とは簡単に言えば、叱られる、止められる、諌《いさ》められるといったことになります。

現代の世の中には「自由にさせてあげた方が良い」「叱るのは可哀想《かわいそう》」という風潮があることは承知していますが、適切に叱られる、止められる、諌められることによってもたらされる「子どものこころの成熟」も理解しておいてほしいと切に願います。

子どもが社会的な存在として成熟していくためには、こうした「世界からの押し返し」を経て、現実に合わせて自分を調整するという経験が絶対に必要なのです。

心理学の世界では、乳幼児を育てるときの母親の在り方として「ほど良い母親：Good enough mother」が重要とされています。この「ほど良い」とは、子どもに対して一〇〇％上手く反応できていなくても大丈夫、ほどほどで良いんだよ、という意味です。

乳幼児期の子どもは泣くことで色んな不快を訴えてきます。でも言葉をしゃべることができないので何が不快なのかわかりません。親は、こうした子どもの泣きに対して、「お腹すいたのかな？」「オムツが気持ち悪いのかな？」などアタリをつけて対応していくことになります。この予測が当たることもあれば、当然、外れてしまって余計泣いてしまうということもありますよね。

乳幼児期の子どもを育てる親に伝えたいのは、こういった「子どもの気持ちを推し量ろうとして、でも間違ってしまう」という体験は「あった方が良い」ということです（「あっても良い」のではなく「あった方が良い」ということが大切ですよ）。一生懸命、子どものためにやろうとしたけど子どもの思いとズレてしまうことは、絶対に無くすことはできないですし、そういう体験があった方が「子どものこころの成熟」にプラスになる面が大きいのです。

親が子どもの要求にすべて完璧に応えられてしまうことがあってしまうと、子どもにはいつまでたっても「自分の欲求」と「環境が与えてくれること」の差によっておこる欲求不満に耐える力が身につきません。こうした差を適度に体験することが、「子どものこころの成熟」を促し、むしろ子どもの現実認識（現実を現実として適切に捉える力）を高めてくれます。

こうした「自分の思い」と「環境が与えてくれること」の差は、言わば「子どもの思い通りにならない」という体験なわけですが、こうした体験を経験することの重要性も含めて「ほど良い母親：Good enough mother」であることが大切と言われているわけですね。

こうした「ほど良い母親：Good enough mother」概念や、叱られる、止められる、諌められるといった体験によって、子どもたちは「思い通りにならない」という体験を積んでいきます。この体験が無いと、外の世界に出るために必要だったはずの能動的な力の感覚が肥大化して、外の世界に対する「思い通りになるのは当然」という万能的な感覚へと変質してしまうリスクが生じます。

不快感を関係性の中で納めていくこと

「外の世界に合わせて自分を調整する」という体験は、子どもにとって非常に不快なものです。それまでは泣くなどの行為を通して、親に「環境を変えてもらった」という経験が中心でしたが、環境を変えるということが難しい状況や、子どもが環境に合わせなくてはならない状況が増えるのですから、その不快は自然な反応と言えます。

ここで強調しておきたいことが、こうした状況で生じる子どもの不快感を「関係性の中で納めていく」という関わりが必須であるということです。「思い通りにならない場面」で不適応を示している子どもの親と接していると、こうした子どもの不快感を「親の関わり方の失敗」と考えたり「不快にさせてはならない」と捉えたりしている人が非常に多いと感じます。

【事例3：炎天下で倒れた母親】

年少の園児。思い通りにならないと他児を叩《たた》く、大声で泣くという行動が見られ、そうした行動が一度起こるとなかなか収まらない。家庭では、そうした行動は見られない。いつもお迎えの後、すぐに帰らず近くの公園で本児が「気が済むまで」遊ばせている。ある炎天下の日、本児が「気が済むまで」遊ばせていると母親が体調不良となり、園で職員が介抱することになった。

【事例4：迎えに来る人を指定する園児】

年長の園児。自分が好きではない活動になると教室を出ていこうとする。それを止めると大声で泣き、暴れるという行動が際限なく続く。本児の思うとおりにすると落ち着いているが、保育士が一人張り付くことになるので大変である。ある日、父親が迎えに来るが、本児が「迎えはお母さんが良い」というので、父親は妹だけ連れて帰り、しばらくしてから母親が本児を迎えに来た。

これらの事例は、おそらく多くの家庭にとっては「そこまで付き合わない」「こちらの都合に合わせさせる」という状況だろうと思うのですが、子どもに合わせて親側が我慢したり調整したりしていることがわかります。こうした事例では、園内での行動について親に伝えても「家では問題ありません」と返されるのが常ですが、子どもに合わせて環境を調整してあげているのですから、家で問題が出ないのは当然といえば当然です。

こうした状況で大切なのは、子どもの不快感が生じないように環境を調整するのではなく、「思い通りにならない環境」に出会った時の不快感が親子関係の中で受けとめられ、なだめられながら納めていくことです。

「迎えはお母さんが良い！」と言われたとしても、「今日はお母さんが忙しいから、しょうがないよ」「我慢してお父さんと帰ろう」と声をかけて連れて帰れば良いですし、その時に生じる不快感を「しょうがないよー」と困りつつも受けとめていけば良いわけです。

こうした意見に対して、「子どもなんだし、変えてあげられるんだから、変えれば良いじゃないか」という考えを持っている人もいるでしょう。ですが、私がこのことを強調するのには理由があります。こうした「思い通りにならない環境に出会った時の不快感」を親子の関係性の中で納めていくという作業は、明確に「子どもが幼い時期の方がやりやすい」のです。

この理由は簡単です。親が「思い通りにならない環境」として立ちはだかると同時に「その不快感を受けとめる」という「一人二役」をしやすいのは、小学校低学年くらいまでなんです。子どもが幼ければ幼いほど、親が「ダメ！」と叱って不快感を抱えたとしても、その叱った親にすがって慰められるという構図になりやすく、そうした「不快感＋慰め」というワンセットを通して子どもは不快感を納める経験を重ねていくのです。

ですが、子どもがだいたい八歳前後くらいになってくると、親が「思い通りにならない環境」として立ちふさがった場合に、子どもは親から離れてしまうので「関係性の中で不快感を納める」というパターンが経験されにくくなってしまいます。こうした子どもの発達に合わせて、親や学校は、子どもへの叱り方、諌め方、止め方を工夫することが大切になってきます。例えば、子どもが学校で叱られたら、それを聞いた親が気持ちを受けとめるなどの「家庭と学校の連携」が重要になってくるわけです。

「世界からの押し返し」が少ない子どもは不適応になりやすい

学校は多くの子ども達にとって「思い通りにならない場所」です。自分たちの行動は校則で制限されますし、同年代の子ども達の中で好き勝手ばかりはできませんし、定められた時間に定められた学習をすることになります。こうした学校の在り方こそが不登校の原因であると考える人もいるようですが、まだまだ幼い子どもたちは、学校という「思い通りにならない場所」での体験を通して、不快感を納め、環境との調和を経験していくという面も忘れてはなりません。子どもが「社会的な存在として成長する」ということを目指すのであれば、家庭や学校で経験する「思い通りにならない体験」の価値も理解しておく必要があります。

事例3や事例4のように「世界からの押し返し」が幼い頃から不足していると、学校という場の「不自由さ」に対して過剰な不快感・不満を覚える可能性が高まります（わざわざ保育園や幼稚園の事例を紹介したのは、そういった理由です）。「世界からの押し返し」を経験している多くの子どもにとっては、それほど問題にならない「学校の不自由さ」が、それを経験していない彼らには「たまらなく不快」と感じてしまうわけです。

留意すべきなのは、こうした「思い通りにならないことへの不快」は外と内の両方に向けられ得るということです。外に向かう場合は、「こんなうるさい場所には居たくない」「担任が言うことを聞いてくれない」などのように外界が思い通りにならないことへの不快として表現されます。内に向かう場合は、「自分自身が思い描いた姿でいられないことが不快」という形で表出します。理想通りの姿でいられないことが大きな不快と感じられ、そんな不快が生じる可能性のある状況からの回避という結果になるのです。

もちろん、生育歴の中で「世界からの押し返し」の経験が少ない子どもであっても、学校という「思い通りにならない場所」での体験を通して成長し、それなりに学校環境に適応していく場合がほとんどではあります。しかし、一部の不登校をはじめとした学校での不適応は、こうした「世界からの押し返し」が少ないために生じている可能性があるのです。

2 「世界からの押し返し」になっていない大人の関わり

「世界からの押し返し」を外注する

叱る・止める・諌めるといった関わりについて、「そんなの当たり前のようにやっているよ」という人も多いだろうと思います。しかし、私を含めて、多くの大人は思いのほか、きちんと「世界からの押し返し」ができていないことがあるのです。

まずは叱る・止める・諌めるという行為を「外注する」というパターンを紹介します。

【事例5：鬼から電話をさせる父親】

ある三〇代の父親。三歳の子どもが悪いことをしたときに叱るが、子どもはなかなか謝ることができない。謝らせることが難しく、叱ることが面倒に感じたので、叱るときに「鬼から電話」というアプリを使って、鬼から電話がかかってきたという体で子どもを怯《おび》えさせ、謝らせている。

【事例6：店員さんが怒るから止めなさい】

あるパン屋さんでの出来事。子どもが店内で未会計のパンに触れようとしたときに、母親が「店員さんが怒るからね」と言って止めている。店員は、親が叱るべきと考え、「絶対に怒るもんかと思った」という。

事例5は恥ずかしながら私の話です。本来ならば、私が親として子どもを叱るべき状況において、「鬼から電話がくる」という状況を作って子どもを謝らせているわけです。子どもが良くないことをしたのであれば、叱ること・止めることを通して子どもに反省を促していくことが私に与えられた親としての役割のはずですが、それを鬼という怖いものを利用して「脅して謝らせている」のはいただけません。また、事例6も親として止めねばならない状況で、「店員さんが怒るから」と外の要因を持ってきて止めようとしていますね。

このように「親が行うべき押し返し」を知らず知らずのうちに、外注してしまっているということがあるのです。

「世界からの押し返し」を外注することのもっとも大きな問題は、押し返されたときの不快感が「本来、押し返すべき人」に向けて出てこないことです。子どもが不快な状況では、親に対して不快感を示すのが自然な流れです。ですが、親という「本来、押し返すべき人」が、その役割を「パン屋が怒るから」などと外注することで、子どもはその不快感を親との間で納める体験をできなくなります。これは非常にもったいないことです。

子どもの現実を「加工」する

こうした「外注」以外にも、「世界からの押し返し」を知らず知らずのうちに弱めているというパターンは見受けられます。

【事例7：音読の評価を◎にする】

小学校一年生女子の母親。宿題で音読があり、その評価は親がすることになっている。

評価は「◎」「○」「△」の三段階評価である。女子の音読は明らかにたどたどしいが、「△」を付けると泣いて収拾がつかないため、いつも「◎」にして提出している。

子どもと一緒に過ごしていれば、子どもの苦手な状況・刺激が手に取るようにわかってきます。母親からすれば子どもが低い評価を付けられたときの反応が予測できるので、子どもの混乱が生じるような状況を回避しているわけです。

ですが、「音読が上手にできていなかった」というのは紛れもない現実なわけです。その現実を「加工」して、さも子どもの音読の評価が高いように伝えるということは、子どもが自分の能力について間違った認識をしてしまうことにつながります。

家庭内で「無自覚に子どもの傷つく状況を回避する」というパターンが生じるのは、子どもが食べない野菜は食卓に並ばなくなるようなもので、ある程度仕方のないことでしょう。ただ、やはり本人の頑張りを認めつつも現実に基づいた評価を行い、その評価に傷ついたのであれば、傷ついた気持ちを関係性の中で納め、支えていくことも子どもの成熟には欠かせないのも事実です。

子どもの環境を「操作」する

「現実の加工」と似ているパターンとして、子どもの環境を「操作」するというものがあります。子どもにとって都合が悪かったり、不快な環境を変えてしまうというやり方です。

【事例8：副団長を決め直してほしいと要求する母親】

小学校五年生女子の母親。運動会の副団長を選ぶとき、女子には副団長になりたい気持ちはあったが立候補しなかった。帰宅後、母親に「本当は副団長になりたかった」と話すと、母親は学校に連絡をして「うちの子が副団長になりたいって言っている。どうして聞いてくれなかったのか。もう一度、副団長を決め直す機会を持ってほしい」と不満と共に要求してきた。

最近、子どもの都合が良いように環境を「操作」しようとする親からの要求を受け、困惑している教員の話を聞くことが多くなりました。

こうした親の要求を「親の愛は盲目」と片づけるわけにはいきません。なぜなら、学校が多くの子どもたちを集めて、みんなが同じ条件の中で決めたことをひっくり返せば、「きちんと立候補して副団長になった子ども」にしわ寄せがいくことになります。そこで生じる不満は、いじめのリスク要因にもなり得ますから、親の要求はとうてい受け入れられるものではありません。

もしかしたら、「自己主張が苦手で立候補が難しい子どももいるんだから、そういう子どもに合わせた配慮が必要ではないか」という意見があるかもしれませんが、私はそう思いません。

不当な形で決められたのでなければ、その子どもに特別な配慮を要する理由がなければ、立候補できなかったのはあくまでもその子どもの責任になります。「責任」という言葉を聞くと重いと感じる人もいるかもしれませんが、その年齢に応じた責任を感じ、引き受けていくことが社会的な成熟のためには欠かせません。

この事例の場合、立候補することができなかったという現実の責任を、「子どもに聞いてくれなかった先生」のせいにするのではなく、「立候補したかったのにできなかった子ども」に向けることが大切です。子どもに責任を向けるというのは「それはお前のせいだ」とするということではなく、子どもが「立候補したかったのにできなかった自分」に直面するのに伴うさまざまな感情（情けなさ、ふがいなさ、悲しみ、羨望などがあり得ますね）を共感的に受けとめていくということです。そうした感情の受け皿として親が機能することによって、子どもは「立候補できなかったのは、まぎれもなく自分である」という現実を受け容れやすくなります。

そのような体験を経て「起こった出来事にまつわる自分の責任」をきちんと受けとめ、その状況を招いた自身の特徴を見つめ、成長するという流れが生じやすくなります。つまり、「同じようなことがあった時に立候補できないのはイヤだな」「次は、立候補できるようになろう」などのように感じ、成長していく契機になっていくということです。

こうした成長の機会を奪わないためにも、周りの大人には環境を「操作」するのではなく、環境を通して子どもがする体験と、それに伴う感情を「共感的に受けとめる」ということが求められます。

不快感から目を逸《そ》らすための「仲良し」

「仲良し親子」と聞くとすてきな親子関係なんだろうなと思う人も多いかもしれません。しかし、一概にそうとは言い切れない事例が実は多いのです。

【事例9：子どもの不快が怖い父親】

小学校二年生の男子の父親。男子は半年間ほど不登校状態にある。父親は子どもに対して登校を促すようなことを言うが、その後に決まって子どもが欲しがっているおもちゃを購入したり、「一緒にゲームしようか?」などと声をかけている。そうした父親の対応に母親は「機嫌を取っている」「(子どもが)父親のことを軽く見ている」と言うが、父親は「子どもが落ち込んでいると、いけないことをしたような気になる」「子どもの機嫌が悪くなるのが怖い」と語る。

近年、「仲良し親子」という言葉を耳にしますが、「仲良し」という言葉を聞いたときには、その「仲良し」という関係が「否定的なものも含んだ関係性」なのか、それとも「否定的なものを排除した関係性」なのかを考えねばなりません。

子どもとの関係は「楽しい」「明るい」「優しい」といった陽性の関わりだけで成り立つものではありません。人間である以上、「怒り」「不満」「悲しみ」などの感情も子どもには備わっているものですし、親子関係ではこうした否定的感情もやり取りできることが大切です。

ただ、事例9のように親が、子どもが不快感を持つことに忌避感がある場合、親子で否定的感情のやり取りをするということがなかなか起こりにくくなりますし、「世界からの押し返し」を日常的にしていくのも困難になることが多いです。

また、子どもはこうした親の「恐れ」を敏感にキャッチします。親の「恐れ」をキャッチした子どもは、自身の不快感をもって親をコントロールするようになるリスクがあります。

「押し返し」ができない教師

ここまでは親が子どもに対して「押し返し」ができていない例でしたが、これは親に限ったことではありません。最近の学校では、教師にも同じようなパターンが見受けられるようになってきました。

【事例10：いろんなことを「不問」としてきた担任】

ある小学校四年生男子の担任。男子は配慮を要するような事情は無いにもかかわらず宿題をしてこないのが常態化していた。本人や親もそのことをわかっていたが、担任は二年間、この男子には指摘してこなかった。この担任に対し、親は「うちの子のことをよくわかってくれている」と非常に良い印象を抱いていた。また、男子が下級生に粗暴な振る舞いをして問題になった際、管理職が担任に対して男子に指導するよう伝えても「そんな大きな問題じゃない」と拒否をする。進級時に担任が変わり、新担任が他の児童にしているのと同じように男子にも注意をしたり宿題の提出を求めると、徐々に男子の欠席が目立つようになり、親は新担任の指導の仕方に問題があると主張する。

この事例は、低学年のころから宿題を出していないことや他の児童とのトラブルを以前の担任が「不問」としたツケを、新担任が被った形になっています。注意をされない、宿題をしなくても大丈夫という「枠組み」が与えられていた親子にとって、新担任のやり方が「担任の振る舞いとして自然なもの」であったとしても不満を覚えるのは自然の成り行きと言えるでしょう。

その子どもの年齢に応じた「自然な枠組み」を提示しないことは、私は無責任だと思います。当然、その場では子どもは自身の問題を指摘されないわけですから、不満などを示すことは少ないでしょう（ただ、担任を低く見て、学級が荒れることはあり得る）。ですが、子どもとの間で、そうした不満をやり取りせずに「先送り」することで、年齢を重ねた子どもに待っているのは「枠組みに慣れていない自分」と「変えようがない枠組み」です。

学校という社会的成熟を促す場では、子どもに「その年齢に応じた自然な枠組み」を提示し、枠組みとのぶつかり合いの中で生じる子どもの反応を受けとめることが大切です。もちろん、親もこうした学校の機能について理解を深めるべきでしょう。

【事例11：叱られたことがない担任】

小学校四年生の担任。三年生までは問題のないクラスだったが、進級に伴って担任が変わり、二学期を迎えるころから児童の私語や離席が増え、県内でも上位だったクラスの成績は下位に転落する。児童の行き過ぎた言動、離席に対して注意・指導を行うことができておらず、管理職が「その場で指導をしないと」と促すが、担任は「私は叱られたことがないから、やり方がわからない」と児童との関わり方を変えることができないでいる。

事例11は教師の話ですが、もしかしたら子どもに「押し返す」ことができない大人たちは、自分が子ども時代に「押し返された」経験が少ない可能性があります。

人は自分が子ども時代に「受け手」として経験したことを、「送り手」として振る舞う際の基準にするという面は確かにあります。人から優しくされた経験が乏しい人は、やはり人に優しくすることが難しくなるでしょうし、叱られた経験がない人は、他者を叱ろうとするときに「どう振る舞えばよいのか」がわからないということになるでしょう。

「世界からの押し返し」を経験せずに、教師という子どもたちに枠組みを示さねばならない職に就いた人は、他の人よりも困難な道を選んだことになります。ですが、目の前の子どもたちが社会的に成熟していくために必要なことを自らの力で身に付けていくことが職業的要請ですし、おそらく、多くの人がそのサポートをしてくれると思います。

ここまで「世界からの押し返し」になっていない親や教師の関わりについてお話ししましたが、「世界からの押し返し」自体は保護者や支援者だけがするものではなく、社会全体で行われるものです。近所のおじさん（『ドラえもん』のかみなりさんみたいな人）や、赤の他人からの注意、子どもたちの思い通りにならない社会のルールなどのすべてが「世界からの押し返し」として機能するのです。これを指して「子どもは地域で育てるもの」というのです。

次節では、こうした「世界からの押し返し」が少ないことで生じる、子どもたちに起こる不適応をお話しししていきます。

3　ネガティブな自分を受け容れられない子どもたち

私に「✓」を付けないで！

子どもを叱ったり諌めたりする場面というのは、基本的に子どもが何か「良くないこと」になっている状況です。ですから、「世界からの押し返し」が少ないというのは、子どもにとって「良くないところ」を指摘される機会が少ないということを意味します。本節では、こうした「良くないところ」を指摘される機会が少ないが故に起こってくる問題について詳しく述べていくことにします。

「みんな違っていて良い」という言葉を耳にする機会が増えた現代ですが、まったくその通りだと思います。言い換えるなら、他の人よりも「うまくできない」「劣っている」「上手じゃない」ということがあっても良いのです。そういった側面も含めて「存在を認める」ということが大切なのは言うまでもないでしょう。

ですが、大人たちが子どもの「ネガティブな側面」を隠蔽し、誤魔化し、加工することによって、自分のネガティブな面と向き合うことが困難な子どもたちを目にするようになりました。

【事例12：✓を☆にした小学生】

小学校一年生の女子。知能の問題等は認められない。ある日のテストで「✓」が付いたため、家で泣いて困っていると親から電話が入る。「✓を付けないでほしい」という要求に対して担任が「✓」の代わりに「☆」を間違っている問題に付けるようにした。その後、親からは「☆があるって喜んでいます」という報告が入る。

事例の状況は、問題を間違えたときに生じる怒り、不満、悲しみなどの不穏感情をどうやって納めていくかが重要な場面なのですが、不穏感情そのものが生じないように

「現実を加工」していることがわかりますね。親がわざわざ「✓を付けないでほしい」と学校に要求していることから家庭での関わりとして、子どもの耳が痛い情報を遠ざけていた可能性が考えられますし、不快な情報に直面したときの苦しさを関係の中で納めてこなかった歴史が透けて見えます。

加えて、私は学校が「✓」を「☆」にしたのも問題があると思います。もちろん、親との関係など色々な事情があったわけですが、やはり他の児童と同じように間違った問題には「✓」を付けて、それによって生じる不快感を教師など周囲の大人との関係性で納めていくという体験を子どもに積ませてあげることが大切です。

でも、もしかしたら「そんなのは厳しすぎる」「小学生なら仕方ないだろう」という人もいるかもしれませんね。そこで、次の事例です。

【事例13：私を当てないでくださいと訴える高校生】

高校一年生の女子生徒。授業で教科担任が順番に当てていき、その女子生徒も当てられたが答えられなかった。授業後、女子生徒が教科担任の前に来て「私を当てないでください」と訴えてくる。教科担任は、他の生徒も同じように当てているので一人だけ対応を変えるわけにはいかないこと、一人だけ当てないのはむしろ不自然になってしまうのではという懸念を伝える。女子生徒はその場では引き下がるが、その日の夕方、女子生徒の母親から学校に電話があり、「うちの子を当てないでください」と要求してくる。

こちらは高校生の事例ですが、先ほどの事例とほぼ同じ内容になっています。同じ内容であっても、年齢が上がるだけでずいぶんと印象が変わってくるのではないでしょうか。私が事例12のような小学生の「✓を付けられたくない」という反応に危惧を覚えるのは、そして、一歳過ぎという幼い頃から「世界からの押し返し」を重視するのは、高校生以降の年齢になっても「ネガティブな自分を認められない」という状態の人を見ることがあるためです。

「ネガティブな自分」に出会ったとき、それも「自分の一部だ」と認めるにはそれなりの「こころの強さ」が求められます（こうした「こころの強さ」を心理学では「自我強度」と呼んだりします）。この「こころの強さ」は、もともと備わった能力も影響しますが、小さい頃からその年齢に合わせて「心理的衝撃」を経験し、その「心理的衝撃」を身近な大人との関係の中で納めているという連続した体験群も重要になります。

「心理的衝撃」と聞くと大袈裟《おおげさ》な印象を受けるかもしれませんが、たいしたことではありません。その年齢の子どもの大半がするような失敗を体験してもらうというだけのことです（例えば、よちよち歩きの子どもが転ぶような体験です）。事例13における「先生に当てられて答えられない」という状況は「その年齢の子どもが自然の流れで経験する心理的衝撃の一つ」だと言えるでしょう。

不登校の主因になり得る「ネガティブな自分を認められない」という特徴

こうした「ネガティブな自分を認められない」という特徴があったとしても、学校をはじめとした社会的な場にある程度は適応して留まることができているのであれば、それほど問題視する必要はないかもしれません。ですが、この特徴が発端となって不登校に至る事例が最近は増えてきています。

【事例14：特定の科目で体調不良になる】

小学校四年生の女子。学力は平均的。進級後、ある科目のある単元でつまずき、その科目の前の休み時間に腹痛を訴えることが多くなる。次第に、その科目が時間割にある日の朝に行き渋るようになる。担任が母親にそうした状況を伝えたところ、「本人が嫌がったら休ませてください」という対応を望む。早退が増えるので、遅れのなかった科目や単元にも苦手意識が出てきたり、行事の練習に参加できないことが多くなり、それがまた早退や欠席の理由になってしまっている。

こうした「ネガティブな自分を認められない」ために、その状況を回避していると見立てられる場合には、安易に「ゆっくり休ませる」という方針を選択するのは考えものです。状況を回避するという判断をする場合、その状況は一過性のものだから回避するだけで済むのか、回避することで更なる問題を呼び込むのか、きちんと見立てておくことが重要です。この事例においては、状況を回避した先にあるのは更なる「自分がうまくできない状況」になりますから、早退や欠席が増加するのは当然と言えば当然の結果と考えられます。

近年、不登校の低年齢化が指摘されています。

私は不登校の低年齢化の要因の一つとして、この「ネガティブな自分を認められない」という特徴があると予測しています。

小学校一年生のような、新しい社会に参入する場合、すでにお話しした「思い通りにならない状況への拒否感」の強い事例が多く見受けられます。問題はそれにとどまらず、子どもが学校に慣れてきて、勉強が本格的になってくると「勉強がわからない」という場面が出てきます。こうした「勉強がわからない」という状況は、そのまま「ネガティブな自分」に向き合う体験になりますが、この体験への耐性が不十分なまま小学生になった子どもが多くなっているのです。特に、小学校三年生から四年生ごろになると学習内容の質と量が上がるため、学習面の苦手さを感じる子どもが増え、そこから登校の難しさにつながる事例が見受けられます。

かつての不登校では、成績に問題はなく、勉強もするという事例がそれなりに存在しました（現在もそういう不登校の子どもは少数ながら存在します）。ですが、「ネガティブな自分を受け容れられない」という不登校の場合、成績は事例によって差がありますが、勉強に対する意欲が低い事例が非常に多いと感じます。

もっと詳しく言えば、「ネガティブな自分を認められない」という特徴をもつ子どもの場合、元々の成績は良かったり、教師からも「頭が良い」と評される子どもも少なくありません。しかし、彼らは「わからない問題」に出会ったときの心理的衝撃を回避しようとするため、その心理的衝撃に耐えつつ粘って問題を解くことをしません。「わからない問題」に向き合って解いていくためには、どうしても「その問題が解けないネガティブな自分」に触れることが求められるわけですが、それが彼らにとって「苦しくて苦しくてたまらない」のです。ですから、彼らは「元々頭が良くても、成績が下がってくる」という憂き目にあってしまいますし、そういう「低い自分」のあり様を認めること自体がまた「苦しくて苦しくてたまらない」わけです。

学びの前提は「未熟であることへの不全感」

思想家・武道家の内田樹《うちだたつる》先生は「自分の無知や幼児性が自分の成熟を妨げているのではないかという漠然とした不安」が学びの起動になると述べています。自分の未熟さに苦しんでいる人だけが導き手（先生や師匠など）に出会うことができ、その出会いによってそれまでの価値観や世界観がリセットされ、ブレイクスルーが起こる。そうやって「学び」は起動するのです。

これは考えてみれば当たり前のことです。「自分は未熟だ」という前提を抱えられない人は、未熟じゃないわけですから学ぶ必要が無いわけです。「自分は未熟だ」という認識を持つことによって、何ができていないのか、どこを改善すればいいのか、どういう手段が必要なのかを現実的に考えていくことができます。

学びの意欲を語るときに「理解できたときの喜び」を挙げる人も多いのですが、この喜びが意欲として機能するのも、あくまでも「未熟であることへの不全感」を感じている人になります。自分の未熟さに漠然とした不安を感じている。不安を解消するために、何かを学んだ結果、未熟さが解消され、目の前が拓《ひら》かれるような感覚を持つ。これが

「学びの流れ」です。もちろん、いったん未熟性が解消されたとしても、今度は「一段階成熟したからこそ見える未熟性」がまた目の前に立ち現れることになります。この繰り返しの体験群が「学び」であるというのは、勉強に限らず、あらゆる成長の機会に共通するものです。

私が危惧するのは「ネガティブな自分を認められない」という状態になると、こうした「学び」の基本的な過程自体が生じなくなるということです。「ネガティブな自分を認められない」とは、言い換えれば「自身の未熟性から目を逸らす」ということです。自らの未熟性から目を逸らす人にとって、学校は「未熟であるという不全感」を解消する場ではなく「耳にしたくない情報を与えられる」ところになりますし、教師は「未熟であるという不全感から解き放ってくれる導き手」という尊敬の対象ではなく、「不快な情報を送ってくる人間」に成り下がってしまいます。

不登校の要因として「学校が面白くない」「勉強ばかりさせられる」といった意見も耳にします。そのために学校は「魅力ある学校にしよう」「わかりやすく教えよう」「子どもが自らの学習内容を選択できるようにしよう」などとあの手この手を打っています。もちろん、そのような学校側の工夫は大切ですが、「学びの受け手」である子どもたちの「学びに対する基本的なスタンスの問題」が学びの意欲を阻んでいる可能性を冷静に考えてみる必要があるのではないでしょうか。

子どもたちが抱く「万能的な自己イメージ」

さて、「ネガティブな自分を認められない」というあり様について、もう少し詳しく考えていきましょう。なぜ彼らは「ネガティブな自分」に触れることが、それほどまでに苦しいのでしょうか？

「ネガティブな情報」を送られた経験が少なかったり、「ネガティブな情報」を送られたときの不快感を大人との関係で納めていくという経験をせずに育った子どもは、自分に対するイメージを創り上げていくときに、「失敗のない」「叱られるようなことのない」「いろんなことが上手くできる」などのような良い面だけで自己イメージを構成することになってしまいます。「ネガティブな情報」が少ない自己イメージは、どうしても「現実の姿」よりも優れたものになりやすく、子どもは「現実の自分よりも良い自己イメージ」を抱えることになるのです。

【事例15：すべてが得意と語る小学生】

小学校三年生の男子。それまで特に問題が指摘されることはなかったが、ある科目の時間になるとふさぎ込むようになる。担任によると、その科目でつまずきがあるという。スクールカウンセラーとの面接では、得意な科目は「全部」と語り、五〇m走は一番であること（事実ではない）、良い点数のテストについて積極的に語る（この科目は一〇〇点だったなど）一方で、芳しくなかったテストについては語らない。

この事例では「現実の自分よりも良い自己イメージ」を抱えていることが端的に示されています。彼らの言動の特徴として、良いことについては積極的かつ具体的に語ろうとすること、否定的なことについては自ら語ろうとせず、話題になっても多くは語らず話題を変えようとすること、目の前の人が自分の状況に詳しくないなら実際よりも自分を良く見せようとすること、などが見受けられます。

もちろん、ちょっとくらい「現実の自分」よりも優れた自己イメージを持つことはよくあることですし、むしろ好ましいことだとされています。成長の意欲になりますし、適切な目標として機能することも期待できますからね。

しかし、「世界からの押し返し」がなされずに構築された「現実の自分よりも良い自己イメージ」は、どうやら「現実の自分」とずいぶんかけ離れた「万能的な自己イメージ」であることが多いようなのです。

【事例16：医学部にこだわる高校生】

高校三年生の女子生徒。医学部を志望しているが、学習意欲は低く、模試の結果では厳しい判定が出ている。担任がその事実を伝えたが「医学部以外はあり得ない」と話し、医学部以外の医療関連の学部についても「医者じゃないと意味がない」と受け容れない。次第に欠席が増えたため、スクールカウンセラーと親が面接を行う。親は「私たちは医学部を推したことはない」「どうしてこんなにこだわるのか……」と話すものの、志望校に関する親の心配や懸念を女子生徒に対して向けることはできていない。

このような極端に高い目標にこだわったり、自身とかけ離れた偏差値の学校を志望する子どもは昔からいました。こうした子どもの状態に対する見立てとして「親が過度な期待をしている」「親が優れた子どもじゃないと受け容れてこなかったんだ」というものがあります。私自身も、こうした見立てはある程度妥当なものだと思っていましたし、事実、そういう事例が多かった時代はありました。

しかし、事例16のように、子ども自身は「優れた自分」にしがみついているものの、親は子どもに対してそれほど優れた姿を求めていないという事例が増えてきました。もちろん「実際はわからない」という声もあるでしょう。確かに家の中のことはわかりません。親が子どもに対して「社会的に優れた姿」を自覚・無自覚を問わず求めるのはそれなりに理解できることですし、そういう親の「求め」を子どもが読み取るということもあり得るでしょう。

ただ、こうした事例に関わる中で感じるのは、親たちは少なくとも表面上は、子どもに口うるさく「社会的に優れた姿」を求めてはいない。その一方で、子どもが「現実の自分」からかけ離れた自己イメージを抱えていたとしても、親はその点について疑問・不安・心配・懸念を子どもに向けることができていないというパターンは共通しているということです。

子どもの姿に対する疑問・不安・心配・懸念とは、まさに「世界からの押し返し」になるわけですが（「あなた、そのままで大丈夫？　親としては心配だよ」という感じですね）、この関わりによって子どもたちは自己イメージを現実に近い姿に「下方修正」する機会を得ることになります。高すぎる自己評価に対して冷や水をぶっかけられ、腹は立つもののの冷静に「現実」と「自身のあり様」を対比的に振り返るという契機や、今後の「冷や水ぶっかけ」に耐え得る経験値の増加になっていたのです。

こうした「下方修正」は、今まで社会が担ってきている面がありました。高校や大学の入試と就職試験などの「選別」を通して、子どもたちは「自分の力はこんなもんかな……」というささか切ない自己評価をゆっくりと時間をかけて受け容れてきたのです。

しかし、家庭も含めた社会全体が、このような「下方修正」を行わなくなってきました（この点は第3章で詳しく述べます）。子どもたちは幼児期から断続的にあったはずの「下方修正」の機会を逸し、結果として「良いところだけで構成された自分＝万能的な自己イメージ」を維持することになります。そして、「万能的な自己イメージ」が毀損《きそん》される、傷つけられるような状況になると耐えがたい苦痛を感じるというしくみが生じてしまうのです。

事例16で起こったことは、推察ではありますが、幼少期から必要な「下方修正」を行えてこなかった環境と、それによって生じた「万能的な自己イメージ（医学部、医者じゃないとダメ）」と、そうした自己イメージが毀損される状況からの回避（助言を受け入れない、欠席の増加）によると考えられます。

しかしなぜ、「万能的」と言えるほどまでに「現実の自分」と乖離《かいり》してしまうのでしょうか？　単に下方修正の機会がなかっただけで「万能的」になってしまうものなのでしょうか？

まず「世界からの押し返し」とは、現実の自分に基づいて理想像を提示される機会であると考えられます。例えば、コップを片付けられていないことを叱られた子どもが「コップを片付けられた方が良いんだよなぁ」という感じで、「現実の自分（コップを片付けられない）」よりも「ちょっと高い理想像（片付けられる方が良い）」をもつということです。

こうやって提示された「今の自分よりもちょっとレベルが高い理想像」を内側にもっている子どもは、そこまで万能的・誇大的な自己イメージになりません。現実の関係性の中で血肉化された「理想像」は、現実の自分から乖離しないのです（なお、親が示す理想像が「現実の子ども」よりも高すぎるリスクは、現実の関係性の中でそういう「高すぎる理想」を子どもが血肉化する点にあります）。

そして「世界からの押し返し」が少ないということは、こうした「現実の関係性の中で血肉化された理想像」「今の自分よりもちょっとレベルが高い理想像」を示されることなく育つということであり、そういった理想像をもてない子どもはどうするかというと、どうやら社会に流布している価値観を吸収して理想像を構築するようです。例えば、

「点数が高い」「他の人よりも優れている」「力が強い」といった、数値化できたり、幼い価値観でも理解できる「ものさし」で測れるような基準を取り入れるわけです。

ある不登校の子どもの母親は、「SNSなどを見続けていると、キラキラした姿が基準になってしまうんじゃないか」と言っていましたが、なるほど、そういうこともあるかもしれません。SNSの姿は「非現実を切り取った」ものも多いのですが、そういう情報に触れ続けることで、自分とかけ離れた姿を基準として抱えるリスクもあるでしょう。これも「社会に流布している価値観」の一部と言えるでしょうね。

こうやって「現実の自分」と無関係に構築された「社会に流布している価値観に基づく理想像」は、「現実の自分」と乖離した「異常なまでに優れた姿」になってしまうのではないでしょうか。仮説に過ぎませんが、本書で問題にしている「万能的な自己イメージ」をもつ子どもたちのこころにはこうしたしくみが生じているように感じるのです。

こころの奥底にある自信の無さ

「万能的な自己イメージ」を抱える子どもたちも、学校を始めとした社会的状況を通して客観的事実や評価の壁にぶつかる経験をすることになります。しかし、幼いころから「ネガティブな自分」を共有するという関係を経験していないと、「万能的な自己イメージ」に見合わない自分の姿を受け容れることは難しく、大きな混乱を招きます。その受け容れられない姿は、時にプライドが高く、不遜に見えますが、実態としては「万能的な自己イメージをもつが故に、現実の自分を否定するしかない」という哀《かな》しい状況であると言えます。

結果として、彼らは「万能的な自己イメージ」に見合わない「現実の自分」をこころの奥底に押し込めることになります。それは、彼らが誰にも表現することができない「こころの奥底に自信の無さ」を有することを意味します。だからこそ彼らは「こころの奥底にある自信の無さ」に蓋をしたり、それを感じてしまうような状況を回避したり、「万能的な自己イメージ」にしがみついたりせざるを得ないのです。

【事例17：模試を事前に購入する高校生】

進学校の高校二年生男子。一年生のころから全国模試では満点を取るが、学内の定期考査は低得点、授業で行う小テストは白紙である。親からの情報で、男子が事前にインターネットサイトで全国模試の問題冊子を購入しており、その内容を丸暗記していることが明らかになったが、教師が尋ねたところ本人は強く否定する。また、親もその点について男子と話し合うことができない。受験期になっても同様の傾向は続き、難関国公立大学を志望する。定期考査の点数に基づけば合格の可能性は低い大学であったが、そのまま受験し不合格となる。男子生徒は「不合格のはずはない」と不満を漏らしている。

この事例では、男子生徒が「こころの奥底にある自信の無さ」を覆い隠すように「万能的な自己イメージ」にしがみつき、そういう自分を不正をしてまで作り上げようとしていると考えられます。また、そういった「不正をしている自分」さえも受け容れていないため、「合格するはずのない大学」を志望してしまっています。自分が不正をしていることを認めていれば、合格するはずのない大学を志望することなどあり得ませんからね。

ここまで極端な事例は珍しいですが、「万能的な自己イメージ」と「こころの奥底にある自信の無さ」の絡み合いが招く不適応を端的に表現しているのではないでしょうか。

本書で紹介する不適応のほとんどは、この「万能的な自己イメージ」と「こころの奥底にある自信の無さ」が、ある時は一面が顕在化し、ある時はもう一面が強くなり、またある時には両面が同時的に出現することで生じるのです。

4 学校で見られる具体的な不適応のパターン

環境に対して過剰に適応しようとする

子どもたちは「世界からの押し返し」が少ないために、「思い通りにならない環境」「万能的な自己イメージが毀損される状況」「自信の無さが露呈する状況」を回避するようになります。回避のパターンについては、これまでのお話の中でたくさん述べてきたと思うので、ここでは回避以外の具体的な不適応のあり様を紹介していきます。

回避以外の不適応の在り方の一つとして、環境への「過剰適応」が挙げられます。この特徴は見逃されやすく、また、「良い子」に見えるために従来の不登校と混同されやすい傾向があります。適切に見立てることが非常に重要な特徴ですので、最初に説明しておきます。

彼らは「こころの奥底に自信の無さ」を抱えています。だからこそ、そうした自信の無さが明るみに出ないよう、指摘されないように、過剰に環境に適応しようとします。一方で、自信の無さが露呈するような状況を回避するというパターンも存在するので、それらが混在すると見立てや対応が難しくなるのです。

【事例18：苦手な教科を回避する規範的な女子生徒】

中学生の女子生徒。小学校時代から特定の科目で体調不良になり、学校を休みがちになっている。中学校では何とか学校に行けているが、特定の科目が近づくと体調不良を申し出ることが続いている。それ以外には問題はなく、むしろ規範的な姿で過ごしており、体調不良で授業を休むことに申し訳なさそうな様子を見せる。授業を休んだ際には、その授業の内容や出された課題を教科担任に聞きに来るなど、積極的な印象を周囲は感じている。

彼らは幼いころから「ネガティブな自分」に触れられまいと、周囲に対して気を張って生活してきています。自然と周囲の人の顔色や機嫌を察知し、自分が周囲から批判的な形で扱われないように振る舞いを調整しているのです。これが正常範囲内であれば処世術と言えなくもないのですが、彼らのそれは不安や恐怖に基づいたものですから、非常に緊張感の高いものになります。このような精神生活を送る彼らは、そうでない人よりも疲れやすく、状況の変化に敏感で、打たれ弱いという特徴を備えることになります。なお、こうした過剰適応を示す子どもの特徴を臨床家としての感覚的評価で述べると、目の奥に緊張感があることです。周囲の情報を読み取ろうとする焦燥に駆られた日常によって身についたのかもしれません。

また、一見して非常に規範的であり、問題がないように見えるため「こんなしっかりした子が、苦手なものから逃げるはずがない」という印象を周囲は抱くことになります。事例18では、問題歴を踏まえれば、「こころの奥底にある自信の無さ」が露呈する状況を回避しているという可能性は排除できないはずなのですが、彼らの規範的な姿によって、その辺の見立てが狂いやすくなってしまうのです。

他の子どもが叱られているのが怖くて学校に行けない

ここ数年で増えている不登校の理由として「他の児童が叱られているのを見て、子どもが怖がって学校に行けない」というものがあります。私は、この背景にも「過剰適応」と似た理由が隠れていると考えています。

すなわち、「こころの奥底に自信の無さ」を抱えていることで、いつもこころのどこかで自分の問題を指摘・注意されることを恐れるようになります。そんな時に、他の子どもであったとしても叱られている状況を目の当たりにすることで、それが自分の身に降りかかる可能性を過度に恐れるわけです。それに、叱られるという状況自体が、彼らにとって「思い通りにならない」ということを象徴しており、そういう場からの逃避という意味も有しています。

また、前提として「自他の境界線が薄い」ということも挙げられます。自分と他者との間にあるはずの「境界線」が薄いために、自分とは関係の無いはずの外の出来事が「わが身に起こるかのように感じられる」わけです。この「境界線」は、生来的な面もありますが、やはり幼少期からの他者との関わりで構築される面もあります。

本書で紹介している「世界からの押し返し」とは、子どもに「子どもと外の世界との境界線」を意識させる関わりでもあります。「自分はここまでなら言っても大丈夫」「これ以上は、自分の範疇《はんちゅう》を超えている」などの感覚を身につけることでもあり、こうした体験の積み重ねで「自他の境界線」が明確になっていくのです。

「他の児童が叱られているのを見て、子どもが怖がって学校に行けない」ときに、学校は「叱らないようにする」「叱り方に気をつける」と考えがちです。ですが、怖がっている子どもの側に「自他の境界線の薄さ」や「こころの奥底に自信の無さ」があると見立てられるなら、学校の工夫だけでは改善しないことが多く、また、いったん改善したとしても、別の「こころの奥底にある自信の無さ」を刺激される状況を怖がって学校に行けなくなるなど、本質的な改善が見られないことがほとんどです。

他者を低く価値づける傾向と絶え間ない自己否定

前節では、「世界からの押し返し」が少ないために「社会に流布している価値観に基づく理想像」を取り入れる可能性について述べました。この理想像は、数字で測ることができる、幼い価値観でも理解できる基準になりがちであることもお話ししましたね。

それによって、「万能的な自己イメージ」をもつ子どもたちが、順位付けするような価値基準で他者を判断・評価することになり、自分より能力が低いと感じる他者の価値を低く見るという傾向が生じやすくなります。

【事例19：東大に行きたい高校生】

高校生の男子生徒。入学当時から東京大学への進学を希望している。本人はそれなりの能力を備えてはいたものの、周囲をバカにするような言動が目立つため周囲からは距離を置かれている。受験期に入ると、本人が期待するほどの成績の伸びは見られず、模試ではかなり厳しい判定が出ている。担任は進路変更を勧めるが本人は聞き入れない。勉強に励もうとするが、徐々にゲームやスマホにはまり込む時間が増え、登校できない日が増えてきた。

この事例のように周囲を低く見るような言動をいとわない場合もありますが、ここまで明確に表現する事例はそれほど多くありません。弱い立場の同級生にだけきつくあたる、家庭内限定で周囲を低く見るような表現がある、弟や妹をバカにするような言動が見られるなどの方が多いように感じます。また、内心で思っているだけというパターンもあるでしょうし、自分にそういう「価値基準」があること自体に気づいていないということもあり得ます。

こうした考え方を持つことは、いじめ等につながるリスクもありますが、一番のリスクはその価値基準が最終的には自分自身を直撃することです。

他者を「自分よりも優れていない」ために価値が低いと評価するということは、自らが「他者よりも優れていない」という状況になったときに、自分自身が「価値のない人間になる」ということです。「自分は価値のない人間だ」と自らを攻撃し続ける内なる声が常駐することになり、強烈な自己否定がこころの中を占めることになります。

そういう状況に陥ってしまうと、周囲が否定的感情を向けていないにもかかわらず、本人は「周囲からバカにされている」という感覚になってしまいます。自身の「内なる声」が、まるで周囲から向けられるように感じてしまうのです。これは心理学でいう「投影――自分が心の内に抱いていることを、自分ではなく他者が抱いていると捉えること」という現象ですが、自他の境界が明確になりきっていない子どもにより顕著です。これらが組み合わさることで、家族も含む他者から遠ざかり、家の中では「周りはバカばっかりだ」などと不満を述べるが、内心は自身の「低さ」を味わい続けるというループにはまり込む恐れがあります。

苦しい状況を「操作」する

親をはじめとした大人たちが子どもの思い通りになるように環境を変えてしまうことで、子ども自身にも苦しい状況を「回避」する傾向が身についてしまいます。それだけでなく、徐々に子ども自身が回避したい状況を「操作」するようにもなっていきます。

ここでは、よく用いられる「操作」の手段を四つに分けて紹介していきます。

① 身体症状とそれに伴うわざとらしさ

まずは、身体症状によって苦しい状況を「操作」するというパターンです。腹痛や頭痛が代表的ですが、それ以外にも子どもによって訴える箇所は変わってきます。

【事例20：急に足取りが軽くなる中学生】

中学校二年生の男子。腹痛での早退・欠席が増えてきている。苦手な科目の時間や、部活の大会の前になると特に顕著に腹痛が現れるが、それらの「苦手さ」の自覚はない。ある日、歩くのが困難なほどの腹痛に見舞われ、それでも自分で歩いて帰るということになった。下校する様子を上階から見ていると、校門を出るまでは痛そうにお腹を抱えるようにゆっくりと歩いていたが、校門を出た後は急に足取りが軽くなる。

重要なのは、彼らは決して嘘《うそ》をついているのではないということです。「本当に痛いと思っている」のです。彼らの状態は、かつて精神医学の世界で「ヒステリー」と呼ばれた状態であると考えてよいでしょう。西丸ら（二〇〇六）によると、ヒステリーとは「心因反応であって、派手な症状を呈するもの」であり「病気になって何かの目的を達しようとする無意識的な意図、下心が見て取れると思えるものであり、わざと大げさに、芝居をするように、演劇的に、見せつけるように、わざと作ったと見えるもの」を指します。

自分にとって苦しい状況を避けるために、身体症状が無意識的に用いられるということです。この種の身体症状の特徴としては、かなり状況依存的である（苦しい状況が近づくと出現、苦しい状況でなくなると改善する）、それ故に、周囲に「わざとらしさ」を感じさせる傾向が強い、苦しい状況に直面させようとすると、更に激しい身体症状を呈する、などが挙げられます。

身体症状によって「思い通りにならない環境」「万能的な自己イメージが毀損される状況」「自信の無さが露呈する状況」を避けるという状態になっている児童・生徒へのアプローチは大変です。苦しい状況に向き合わせようとしても、更なる身体症状が表出されて、結局のところ押し切られることが多いからです。この手の身体症状と真っ向からやり合っても勝ち味は薄いと言わざるを得ません。支援の方針については第４章で述べていくことにしましょう。

また、コロナ禍では、身体症状に対して学校側が積極的に早退や欠席を促すようになりました。コロナ禍を経て不登校数が激増していますが、その一因として「子どもたちが身体的不調を理由に休みやすくなった」ということがあると私は考えています。

この「子どもたちが身体的不調を理由に休みやすくなった」のは、悪いことではありません。自身の状態を観察し、それに基づいて必要な対応を取るということは人として自然なことです（そういう意味では「皆勤賞」は異常です。たまには「外の事情」に身体が合わせられない日もあるんです。たまにはね）。

ただ、こういう話もあります。とあるタクシー会社ですが、事故が多いので「体調を整えるように」「体調不良があれば積極的に休むように」というお達しを出しました。その結果、確かに事故は減ったのですが、会社は方針を取り下げました。体調不良を理由に休む社員が増え、業務に支障が出るようになったからです。

重要なのはバランスです。社会的活動（経済活動や学校など）を重視しすぎて身体をおろそかにしてもいけないし、身体を重視しすぎて社会的活動が大きく損なわれてもマズいわけです。コロナ禍により学校が一度大きく「身体を重視する」という極に傾いたわけですが、これからはその揺り戻しが生じてくるでしょう。

②　弱々しい姿——落ち込む・涙を拭わない・日記などを用いた「操作」

苦しい状況を「操作」する手段として、弱々しい姿を示すという反応があります。よく見られる反応としては、あからさまに落ち込む、涙を流すなどがありますが、それらを目に見える形で示そうとするのが特徴です。例えば、周りが反応せざるを得ないような大声で泣く、大きなため息をつく、涙を拭おうとしない、などですね。他にも、次の事例のようなパターンもあります。

【事例21：日記をリビングに広げておく】

登校を渋ることがある中学校二年生の男子。ある日、父親から「もっと頑張って行くようにしないと」と言われた。その次の日、日記に「自分だって頑張っているのに」「こんなに苦しんでいるのに」「死にたくなる」などと書き（「死にたくなる」の箇所を赤字にしてある）、リビングに広げておいておく。それを見つけた母親が、父親に伝え、父親はそれ以降、子どもに何も言えなくなった。

このような「弱々しい姿」を目に見える形で示されてしまうと、なかなかそれ以上子どもに対して厳しいことを言えなくなるのが人情かもしれませんが、そのために必要なことでさえ「言えない」というパターンに陥りやすくなってしまいます。支援において大切なのは「子どもが弱々しい姿を見せる・落ち込むからといって、子どもに伝えていることが不要とは限らない」という認識を持つことです。

③　不機嫌・怒り・脅し・暴力を用いた「操作」

②の類似パターンとして、不機嫌などの陰性感情を全面に出すことによって環境を変えようとするパターンがあります。こちらは子どもの不機嫌によって環境を変えてあげてきた経緯のある家庭に多い印象を受けます。例えば、子どもが不機嫌にしていたら物を買ってくるなどですね。

こうした関わりを周囲の大人が繰り返していると、子どもは「こうすれば変わってくれる」ということを認識します。「お父さんはこういう風にすればゲームを買ってくる」などと言ってはばからない子どももいるくらいです。このパターンが顕著になると、次の事例22のように、思い通りにならない場面において、粗暴な態度や暴力的になることで状況を変えようとすることもあり得ます。

【事例22：要求が通らないと脅す男子】

小学校六年生の男子。同級生とのやり取りで自分の要求が通らないと「ネットに個人情報をさらすぞ！」と脅し、本当にそれを実行する。例えば、自分がやりたい遊びができないとき、ドッジボールなどで当てられたときなどにそういった問題行動が見られる。

このような陰性感情で状況を変えるというパターンが強く身についている子どもほど、必要な支援を行うことが難しい状況になってしまうので、できるだけ早期の支援や予防が必要と言えます。

④「操作」をする子どもに多い偏食

幼児が外界を「操作」する方法の一つとして「食事」があります。幼児の食べる量が少なかったり、機嫌が悪くて食べないとなると、親が心配するのは普通です。しかし、その心配が例えば、親が過度に食事状況を子ども好みに変えたり（好きな献立しか出さない、皿を可愛いものに変更など）、子どもが食べてくれるようご機嫌を取ったりを繰り返す等の形で顕在化すると、子どもは「食事の偏りを通して、環境を操作できる」ことをかなり幼い段階から経験することになります。

このような経緯のある子どもは、偏食が多く認められるだけでなく、食事のときの態度の悪さ、遊び食べの多さなども併存することが多く、事例によっては回避したい状況になると急に「食べられない」という反応が出現することさえあります。

食事に過度に反応して環境を変えてしまう親の中には、子どもの不快を受けとめることと全般が苦手な場合も見受けられます。すると、子どもの不適応は偏食という軽微なレベルに納まらず、都合が悪い状況や操作し難い環境に身を置くことを回避して登校が困難になるということもあり得ます。本書で説明している子どもの不適応の見極めポイントの一つとして、偏食を頭の片隅に置いておくと良いかもしれません。

子どもの問題を抱えられない親の反応

次は、親のパターンとして顕著に見られるものを四つに分けて挙げていきます。ここまで述べたような不適応を示す子どもの親が、どんな姿なのか、どんなトラブルを招くのかを明らかにしていきます。

① 子どもの不穏感情と向き合うのが苦手

ここまでのさまざまな事例からも読み取れるように、子どもの不穏感情と向き合うことが苦手であるということが、もっとも大きな特徴と言えます。実践でこうした親と関わるときには、大きく二つのあり様が認められます。

一つは「優しい」と評されることが多いということです。特に父親に多いのですが、子どもを叱ることなく、希望を聞いてあげるなどの姿から「優しい」と言われ、実際に会ってみても話しやすくて、子どもを心配しており、一見して問題がなさそうに見えます。ですが、この優しさは「不穏感情との向き合えなさ」と表裏一体となっていることが多く、子どもを叱らねばならないような場面でも何も言ってこなかったという歴史が隠れていることがあります。こうした「優しい」姿以外にも、子育てに関与しない、存在感がない、自室にこもっている、スマホばかり触っている、といった場合もあるのですが、「子どもの不穏感情に関与しない」という意味では同じであると言えますね。

もう一つのあり様が「高圧的」ということです。「優しい」とは真逆のように聞こえるかもしれませんが、これまで何度も述べた通り、「世界からの押し返し」を受けた子どもが示す不穏感情と向き合うことが大切なんです。「優しい」場合は、そもそも子どもに「世界からの押し返し」ができていないわけですが、「高圧的」だと問題点は指摘したとしても、子どもが怖がって不穏感情を出しません。そもそも「高圧的」な場合は、適切に問題点を指摘できておらず、親が気分や感情に振り回されて怒っていることがほとんどです。ですから、「高圧的」であっても、やはり「子どもの不穏感情と向き合う」ということにはならないのです。

ちなみに、「優しい」親の場合、とくだん学校とトラブルになることは少ないのですが（学校環境を変えるよう要求してくることはある）、「高圧的」タイプの場合はトラブルが頻発することがあり得ます。これから示す特徴は、どちらかと言えば「高圧的」タイプの親に多いものだと思っておいてください。

② 人のせい・問題から目を逸らす

子どもの不穏感情に向き合えない場合、子どもの問題とも向き合えなくなります。その際に多いのが「人のせい」にしたり、問題から「目を逸らさせる」というやり方です。

【事例23：学校のやり方や相手の問題を指摘する親】

いじめの加害者となった小学校五年生男子の親。状況から男子が加害者であることは明白だが、親は「学校の聞き取りの仕方が悪い」「向こうの子どもだって色々やっている」などと話した上、数日学校を休ませて「うちの子はこんなに傷ついている」と言う。

この事例では、男子が明らかな加害者であるにもかかわらず、学校の対応の問題を指摘しています。最近のいじめ事案にはよくあるのですが、「子どもが悪い」という状況を受け容れられないため、学校の瑕疵《かし》を指摘して「視点ずらし」をしているわけです。

また、「向こうの子どもも色々やっている」という言葉も、相手の問題を指摘して自分たちの「問題の割合」を減らそうとしているわけです。当然ですが、相手が何をしていようが、いじめをして良い理由にはなりませんから、「問題の割合」は決して減ることはないのですが。

③　罪悪感や無力感を与える

事例23では、親が学校を休ませて「こんなに傷ついている」と主張しています。意外に思う人も多いかもしれませんが、親が「子どもを休ませる」というパターンは珍しくありません。

こうした主張をすることによって、「悪いことしちゃったかな……」という感じで相手に罪悪感を与えることができます。すなわち「本当は自分たちが悪いのに、相手に

「私たちが悪いのかもしれない」と思わせることによって、自分たちの問題を目減りさせる」というやり方をしているわけです。こうしたパターンは、例えば、苦しい状況に向き合わせようとしたときに「教師なのにそんなことをしていいのか」「親が子どもを傷つけていいと思っているのか」などの表現や、弱々しく泣く姿で子どもが使ってくることもあります。

また、子どもの問題に対応する際、親の要求に沿った対応にならないと「その程度のことしかできないんですね」「子どもが悲しみますね」などと言ってきて、支援者に「この対応ではダメなのか……」と思わせてくるパターンも頻出です。支援者としての無力感がかき立てられ、ついつい無い袖を振ってしまい、それが学校の負担を増大させ、更なる子どもの問題を招くという負の連鎖が生じるリスクがあります。

子どもや家庭にとって大切なことをしていても、この「罪悪感や無力感を与える」というパターンに飲み込まれると「これは止めた方がいいんだ」となってしまいがちです。

④　罪悪感を帳消しにする

周囲の問題を指摘しても「本人の問題」は目減りしません。なのに、彼らはなぜこのようなやり方をしてしまうのでしょうか？

【事例24：親子そろって丸刈り】

同級生に暴力を振るった男子高校生の親。学校の調査の仕方に不満をぶつけてくるが、同様の事案を繰り返していることや、被害者の怪我が明白だったため謹慎処分を受ける。謹慎明けの登校では、丸刈りで登校し「父親が一緒に丸刈りにするぞって言うんで」と晴れやかな顔をしている。その後も、周囲に対する粗暴な振る舞いは続いている。

この事例を読んで「ちゃんと反省している」と考えるのは早計です。本質的に彼らが苦しいのは「自分の内側に罪悪感を抱えておくこと」です。こころの中に「子どもに問題がある」という現実をつらくて抱えていられないのです。

ですから、どんなに客観的状況が変わらなくても、自分の内側にある罪悪感を消すことが彼らにとっては重要になります。この事例では、男子生徒が暴力を振るった事実は何も変わりませんし、その点についてはきちんと学校から処分が下っています。男子生徒に求められるのは、自分の行いを反省し、同じことを繰り返さないようにすることのはずです。

しかし、この親子が行ったのは「丸刈り」にすることによって、自分たちの内側にある「罪悪感」を帳消しにすることでした。本来、罪悪感は自らの行いを修正するための、内的なストッパーとして機能してくれるものです。この罪悪感を内面から消し去ることによって、この男子生徒の振る舞いは変わらないということになってしまいます。

私自身、単純に子どもたちの不快・負担を減らせば、子どもたちは元気になると思っていました。ですが、本章で述べたような「世界からの押し返し」の少なさを端緒として、さまざまな問題や不適応に至る子どもたちを目にするようになり、「何がこの変化を生んでいるのか」を考える必要性に迫られました。次章では、こうした子どもたちの様相についてより理解を深めるため、「世界からの押し返し」が少なくなっている現代社会のあり様についてお話ししていきます。

コラム　反抗期って必要？

大学のオープンキャンパスには、大学進学を目指す高校生がたくさん来てくれます。最近では、保護者が一緒に来ることも当然のようにあり、個別相談ブースで、私のような教員と受験を考えている高校生、そしてその保護者の三者で話をすることも少なくありません。以前、その個別相談ブースで、保護者の方がこのように話したことがとても印象に残っています。

「この子（娘）は反抗期がなかったので、自己主張が苦手なんです。これで大学生活をやっていけるのか心配です」

一般的に、反抗期というのは親にとっては迷惑で、面倒なものだと思うのですが、この保護者の方は、子どもに反抗期がないことを憂いていました。それは、親に反抗もできないんだから、大学に入っても自分の意見が言えない（自己主張ができない）のではないかという心配からでした。しかし本当に、反抗期は必要なもので、自己主張ができるようになるというような効果があるものなのでしょうか？

　反抗期の有無については、さまざまな調査が行われていますが、それらをみると、大学生までに反抗期を経験したことがある人というのはだいたい五〇％くらいのようです。つまり、半数は反抗期を経験していないことになります。もし冒頭の保護者の方がいうように、反抗期を経験しないと自己主張ができないということであれば、大学生の半数は自己主張ができないということになりますが、もちろんそんなことはありません。反抗期、特に中学生や高校生のころにみられる反抗期は第二反抗期と呼ばれるのですが、「期」と言われると、誰にでも訪れる時期、誰もが経験する時期と思われがちです。確かに乳児期や児童期、青年期を経験しない人はいませんが、反抗期は半数程度しか経験しません。そのため、最近では、第二反抗期という呼び方はあまりしなくなりました（少なくとも発達心理学などの分野では）。

　また、反抗といっても、親に口答えしたり、暴言を吐いたりするものだけではありません。反抗は「反発」と「抵抗」から一文字ずつ取って作られています。「反発」は口答えや暴言・暴力などを示しますが、「抵抗」は無視や拒否、家出など親との関わりを避けるタイプの反抗です。「抵抗」を示す場合は、特に何かを主張するわけではありませんから、当然言葉による主張ができるようになるわけではありません（「反発」をしたとしても、言葉による主張がうまくできるようになるわけではありませんが）。ですが、「抵抗」も自分の思いを態度で示すという意味では立派な自己主張と言えます。

では、中学生や高校生のころに反抗が生じるのはなぜでしょうか。また、反抗する人と反抗しない人がいるのはなぜでしょうか。反抗を親子間のズレから説明してみましょう。

皆さんが生まれたばかりのとき、まだ自分で歩くことも何かを食べることもできませんでした。そのときは、すべてを親にやってもらわなければなりません。ですが、一年も経つと、自分で立って少しずつ歩けるようになります。赤ちゃんにとって自分で思いのままに移動できることはとても楽しいことです。そのときに、「勝手に歩いていってはダメ」と親に抱きかかえられたらどうでしょうか。自分はもっと歩きたいのに、親は自分を赤ちゃんのように抱きかかえる。ここに親子のズレが生じています。

おそらく子どもは自分で歩きたい、あっちに行きたいと親の腕の中でバタバタと暴れることでしょう。これもひとつの反抗です。

親子関係は大人になるまでの間に、五つの段階に分けられるとされています。①親が子を手の届く範囲に置く段階、②親が子を目（あるいは声）の届く範囲に置く段階、③親が子を信じ期待する段階、④親が子と距離をとり、子の判断に任せる段階、⑤親と子が対等になる段階、の五つの段階です。個人差はありますが、だいたい①が乳児期（一歳くらいまで）、②が幼児期（一歳から小学校に入る前まで）、③が小学校時代、④が中学生から大学生くらいの時期、⑤が大学生以降とイメージしていただくとよいかと思います。親と子はそれぞれこの五つの段階を進んでいくわけですが、重要なのは、たいていの場合、子の方が先にこの段階を進むということです。先ほどの、歩けるようになった子どもの例で言えば、子どもは親に抱きかかえられる必要はなく、自分で歩いて行動できるようになっていますので、②の段階に進んだのですが、親はまだ子どもを自分の手の届く範囲に置こうとする①の段階にとどまっていて、そのため子を抱きかかえてしまいます。このズレがあるので、子は親の手から離れようとして、バタバタと暴れることになります。

同じように、たとえば中学生や高校生になると、だんだん自分で自分のことを考えて、決めていきたいと思うようになります。これは子が④の、子の判断に任せる段階に進んだことを意味しています。ところが、親の方は「勉強しなさい」「早く帰ってきなさい」「××大学の方がいい」など口を出しています。これは、親がまだ②の目や声の届く段階にとどまっている状態です。子が④の段階で親が②の段階と大きなズレがありますので、子は親に対して「うるさい！」と言ったり、親のことを無視するような態度をとったりするようになります。このように反抗期とは、子が先に親子関係の段階を進んでいるにもかかわらず、親が前の段階でとどまっていることによるズレで生じると考えられるのです。言い方を変えると、反抗は子が親に対して「私はそんな段階にいないよ。早く私と同じ段階まで進んできて」というメッセージであるとも言えるのです。

このように考えると、反抗期が生じない理由も明らかです。段階のズレがあるから、反抗が生じるのですから、ズレがなければ反抗は生じません。つまり、子がひとつ先の段階に進んだのを親が敏感に感じて、親もすぐに子と同じ段階に進み、段階のズレを解消すれば、子は反抗する必要がありません。反抗期がないのは、子が立派なわけでもおとなしいわけでもなく、親がちゃんと子の変化・発達を感じ取り、それに合わせた対応をしているからなのです。

ところが、反抗期がない親子関係にはもうひとつ、あまりよくないパターンがあります。それは、親子そろって年齢にそぐわないような低い段階でとどまっている場合です。高校生になっても、毎日学校に持っていく道具や修学旅行の荷物を親がすべて用意しているケースがあります。これは親子そろって①の手の届く範囲に置いている段階です。親が用意すれば、親は自分が用意したので安心しますし、子は忘れ物があっても親のせいにできます。たしかに両者にズレはなく、反抗する必要はありませんが、高校生としては問題があります。オープンキャンパスで、高校生は一言も発せず、親がひたすら質問をするのをみることがありますが、これは親子そろって②の目や声の届く範囲に置く関係でとどまっているように思えます。

このように反抗期があれば自己主張ができるわけではありませんが、反抗期がないからといって、よい親子関係であるとはいえません。反抗期の有無だけで考えるのではなく、反抗期があった理由・なかった理由を考えてみることが大切なのです。

第3章　子どもの「不快」を回避する社会

1　何が子どもたちの不適応を生み出しているのか？

本書で「自己愛」という表現を用いない理由

ここまでの記述を読んで、「これは自己愛のことを言っているのではないか」と思った方、その認識は正しいです。しかし、私は本書で示した特徴について、あえて「自己愛」とは表現せずに書き進めてきました。まずはその点から説明していこうと思います。

本書で示した特徴を私が「自己愛」と表現しない理由の第一は、自己愛性パーソナリティ症の診断基準にあります。精神的な障害の診断基準はいくつか示されていますが、日本で使われることが多いアメリカ精神医学会が出しているDSM－5－TRにおける自己愛性パーソナリティ症の基準を見てみましょう（表1）。

このDSMは日本で最も用いられる精神医学の診断基準ですが、ギャバード（一九九九

1	自分が重要であるという誇大な感覚（例：業績や才能を誇張する、十分な業績がないにもかかわらず優れていると認められることを期待する）。
2	限りない成功、権力、才気、美しさ、あるいは理想的な愛の空想にとらわれている。
3	自分が“特別”であり、独特であり、他の特別なまたは地位の高い人達（または団体）だけが理解しうる、または関係があるべきだ、と信じている。
4	過剰な賛美を求める。
5	特権階級（つまり、特別有利な取り計らい、または自分が期待すれば相手が自動的に従うことを理由もなく期待する）。
6	対人関係で相手を不当に利用する（すなわち、自分自身の目的を達成するために他人を利用する）。
7	共感の欠如：他人の気持ちおよび欲求を認識しようとしない、またはそれに気づこうとしない。
8	しばしば他人に嫉妬する、または他人が自分に嫉妬していると思い込む。
9	尊大で傲慢な行動、または態度。

表1　DSM-5-TRにおける自己愛性パーソナリティ症の基準
誇大性（空想または行動における）、賛美されたい欲求、共感の欠如の広範な様式で、成人期早期までに始まり、種々の状況で明らかになる。上記のうち5つ（またはそれ以上）によって示される。

四）は、自己愛性パーソナリティ症には「周囲を気にかけない自己愛的な人」と「過剰に気にかける自己愛的な人」の二つのタイプが存在しており（表2）、DSMの診断基準では「周囲を気にかけない自己愛的な人」しか示されていないとしています。

この二つのタイプは臨床像的にはまったく異なるもののように見えますが、彼らは自己評価を維持しようとしている点で共通しており、そのやり方の違いがタイプの違いを生んでいるとされています。一方は、自

	周囲を気にかけない 自己愛的な人	過剰に気にかける 自己愛的な人
1	他の人々の反応に気づくことがない。	他の人々の反応に過敏である。
2	傲慢で攻撃的である。	抑制的で、内気で、あるいは自己消去的でさえある。
3	自己に夢中である。	自己よりも、他の人々に注意を向ける。
4	注目の中心にいる必要がある。	注目の的になることを避ける。
5	「送信者であるが、受診者ではない」	侮辱や批判の証拠が無いかどうか、注意深く、他の人々に耳を傾ける。
6	明らかに、他の人々によって傷つけられたと感じることに鈍感である。	容易に傷つけられたという感情をもつ。 羞恥や屈辱を感じやすい。

表2　ギャバードの示した自己愛性パーソナリティ障害（症）の2つのタイプ

分の業績を印象付けることで自己評価を維持し、もう一方は傷つく状況を回避したり、どう振る舞うかを他者から見抜くことで自己評価を維持したりしているということですね。

本書で述べてきた「思い通りにならないことに耐えられない」「万能的な自己イメージ」「こころの奥底にある自信の無さ」という特徴の絡み合いで起こる反応も、ギャバードの示す表出内容と重なるところが多く、私自身もここまで述べた内容が自己愛のテーマと関連があるだろうと思っています。

ただ、それでも本書で「自己愛」という表現を用いないのは、①学校で見る事例のほとんどは「自己愛性パーソナリティ症」に該当するほど病理性が深くない、②特に「こころの奥底にある自信の無さ」を中核として生じるような問題については、先程の診断基準に含まれておらず「自己愛」という表現では与えるイメージが偏る、③一般論として「自己愛」という表現からは、誇大性、賛美されたい欲求、共感の欠如などが浮かんでしまい良い印象を与えない、などの理由からです。

従来の仮説との相違点について

本書で述べている内容には、すでに指摘されている「自己愛」の仮説とは異なる点もあるので、そちらについて説明していきます。

本書では、「万能的な自己イメージ」や「こころの奥底にある自信の無さ」によって不適応を招く事例では、叱る・止める・諫《いさ》めるという、「世界からの押し返し」と称する関わりが幼少期から少ないことを指摘しています。こうした「世界からの押し返し」を明確に自己愛の要因として挙げるのは一般的ではありません。

自己愛の原因について確定的な知見はありませんが、有名な仮説の一つとして、子どもが時期相応的な自己顕示性を示すときに、親が肯定的な反応を返さず、無視したり叱りつけたりして共感的ではない接し方をすることによって子どもが深く傷つき、そのトラウマがこころの欠損として残り続けるため、自己愛の発達にブレーキをかけてしまうというものがあります。幼少期にありがちな「僕はすごいんだ」という万能感に対して親が共感的に反応しないことで、自己愛が適切に発達できず未熟なまま留まり、幼児的な万能感が後々まで残ってしまうという考え方です。

私は「よくわからない問題」に出会ったとき、カウンセリングで示された「あらゆる情報」を時系列に記録します。本人の言動や心身の反応、周囲の出来事など、問題に関連するかどうかという価値判断を棚上げして「あらゆる情報」を収集するのです。

その結果、本書で紹介したような不適応を示す事例では、子どもの万能感に対して適切に反応していないということよりも、かなり幼少期から「世界からの押し返し」の経験が少なく、また、第2章で示したような環境とのうまくいかなさが認められたわけです。

もちろん、だからといって従来の仮説が間違っていると考えているわけではありません。あくまでも、私が経験している事例では子どもの万能感に対して適切に反応していないという共通点が認められなかったというだけです。

ただ、中高生くらいになってくると、「親をはじめとした大人たちは共感的でなかった」と述べることはかなりあり得ることです。しかし、これは実際に大人たちが、子どもが幼少期のころから共感的ではなかったということを端的に示すとは言えません。

特に「万能的な自己イメージ」が強い事例では、周囲の「現実に沿った関わり」に不満を覚えるのが一般的です。周囲が現実に則って関わっているにもかかわらず、本人の自己イメージはずっと高いところにあるのですから、どうしても「低く見られている」という感覚になってしまうわけです。また、脆弱《ぜいじゃく》な姿になりがちな「こころの奥底に自信の無さ」を抱える事例であっても、周囲の大人が思ったように環境を変えてくれなかったり、自身に対してサポーティブでない態度を取れば、「どうしてこんなに苦しんでいるのにわかってくれないのか」という不満をもつようになります。

つまり、本人の言及を基準に親子関係を想定すると、実際と異なる家庭状況が導かれるリスクがあるということであり、そのために従来の「親の共感性の無さが自己愛の傷つきを生む」という考え方が出てきたのかもしれません。

私の印象では、一五歳以降の事例になると前述のような「周囲が共感的ではなかった」「理解してくれなかった」という類の主張が増えてきます。ただ、実際の親の関わりを振り返ってみても、そこまで共感的ではなかったと思えるような関わりが顕著というわけでもなく、むしろ、子どもの問題を指摘・共有できない、子どもの不穏感情と付き合うことが難しいなどの特徴が目立ちます。

こうした相違点を指摘するのは、第4章で示す支援の方針に大きく関わるからです。「子どもの万能感に対して共感的に反応していない」ために問題が生じたという仮説に基づけば、支援法は「共感的に関わっていく」ということが中核になります。自己愛の欲求や傷つきを理解し、それらの感情に共感的に浸ることで安定した機能をこころの中になじませていくわけです。

ですが、本書の第4章で示す支援法は、これとはやや異なるものになります。特に一〇歳以前の事例に対しては、共感を中核には据えず、子どもの心理的課題を示し、不穏感情を体験してもらい、その不穏感情を関係性の中で納めていくということを重視しています（この「納めていく」過程において、共感は重要なファクターではあります）。

この点の議論については第4章で詳しく行っていくことにしますが、その前提には「自己愛をどのように理解するか」という捉え方の相違があることを知っておきましょう。

社会背景が子どもたちの不適応を生み出している可能性

すぐに具体的な支援法の解説に入っていきたいところですが、その前にもう一つ重要な視点について説明しておきたいと思います。

ここまで読んでくれた人の中には「幼少期からの親の関わりに問題があるんだな」「世界からの押し返しが少ないために問題が起こるんだな」と感じられた方も多くおられるのではないでしょうか。

確かに私はこうした「世界からの押し返し」が少ないことは問題として大きいと思っていますが、その一方で、「世界からの押し返し」が少なくなってしまった要因について考えることも重要だと思っています。

私はカウンセリングの中で親に子どもの不適応を説明する際、次のように伝えています。「この一〇年で、こうした特徴をもつ子どもたちはすごく増えてきています」「もちろん、家庭内での関わりが影響しないというわけではないですが、社会全体に広がっている価値観の変化も大きな要因です」「そもそも、家庭内の関わりだって社会に広がっている価値観に影響を受けて変わってきているわけですから」、こんな感じです。

つまり、子どもたちの不適応を招くような周囲の大人の関わりは、ここ数年の「社会風潮」の変化が生み出している側面があると考えているわけです。このような「社会風潮の変化」を説明することで、自分たちの関わりを修正できる親もいます。

もちろん社会の風潮と個人の問題を安易に結びつけることは慎重であるべきです。個人の問題に影響する因子は多数存在し、社会文化的要因はその一つに過ぎないからです。

しかし、毎日のように子どもたちやその親と接し、彼らの語りを聞いていると、彼らの問題がこの社会の風潮とどこかつながっているように感じられるので、その点についていくつか述べていくことにします。

2　子どもを不快にできない社会

学校が変わることの意味

学校は「惰性が強いシステム」です。入力から出力までに時間がかかるということであり、つまり教育に対して、何かしらの働きかけをしても「なかなか変わらない」ということになります。この点は不登校への対応や、学校で起こるさまざまな問題への対処の遅さとして批判されがちですね。一斉教育には問題があるのになかなか改善されないとか、多様性を認める形になっていないとか。

ですが、学校が「惰性が強いシステム」になっているのには、ちゃんと理由がありま す。社会状況がどれだけ変わっても、世の中がどんなに混乱したとしても、学校は「そう簡単に変わるわけにはいかない」のです。社会状況や世の中の雰囲気で学校がころころ変わってしまえば、次世代を担う子どもたちに「安定した教育」を提供することができなくなります。教育というのは水などと同じ社会的共通資本ですから、どんなに社会が混乱しようが、天変地異が起ころうが「一定以上の質のものを提供し続ける」ことが重要です。社会全体が安定的成熟を得るために、教育は「そう簡単に変わらないもの」「そのように設計されている制度」なんです。

ただ、そんな「惰性の強いシステム」を備えた学校でさえ、ここ数十年の間で少しずつ変わってきています。

例えば、通知表一つとってもこの五〇年くらいでかなり内容が変わっています。五〇年前の通知表は、かなり子どもの問題点を指摘する形で記述されていましたが、最近ではそういった内容を書くことはまったくありません。学校が「子ども個人の特徴・特性について、批判的に明示すること」は皆無になったと言ってよいでしょう。

他にも色んなことが変わりました。

成績が貼り出されることはなくなったし、食べられない給食を前にずっと残されるということもなくなりました。

昔から変わらず存在していた「宿題、やったけど忘れてきました」という子どもには「じゃあ、明日持ってきてね」で終わりです。下手に「本当はやってないだろう」などと言えば、たちまち親から「うちの子が嘘《うそ》をついたというのか」と電話が入ります。

私はかつて肥満体型でしたが、通っていた小学校では男女問わず肥満体型の子どもだけ給食時間に集められて食べ方指導をしていました。今の時代だと考えられない話ですよね。


このように、子どもの「特徴・特性」に対して、ずかずかと学校が踏み込んでくることがなくなり、証拠が無いことについては追及せず、子どもが不快に感じるような関わりを学校は相対的にしなくなりました。

このような「学校の変化」は学校単体で生じることは決してありません。社会からそうした「入力」が絶えずなされているからこそ、学校という「惰性の強いシステム」でさえ変わってきたと考えるのが妥当です。すなわち、社会全体に「子どもを不快にさせる」ということへの忌避感・嫌悪感が広がっており、それを受けて学校というシステムでさえ変化してきたというわけです。

「要らない不快」と「成長のための不快」

ただ、本当に「子どもを不快にさせる」ということが問題なのでしょうか？「子どもの不快」は反応の仕方の一つに過ぎません。その「不快」がどういったしくみで生じているのかを考えて接することが重要であり、「不快」だから不快にした人が悪いとか、「不快」を除かねばならないというわけではないはずです。

子どもが感じる不快をきちんと見分けていくことは、とても大切なことです。見分ける必要のある不快の一つは「要らない不快」です。体験することに何の意味もない不快であり、例えば、いじめられること、人格を軽んじられること、暴力を受けることなどです。こういうものは、できる限り自分に降りかからないようにすることが大事であり、そういう状況を避けたり、逃げたりすることが大切です。

もう一つは「成長のための不快」です。それを経ることで成長につながるような不快であり、例えば、間違っていることや悪いことを指摘される、自分の限界に気づかされる、他者との意見の違いを経験するなどです。こういう不快については、受けとめ、自分の中で消化していくことが重要になります。

【事例1：修学旅行中に担任に電話する母親】

不登校気味の高校二年生女子の母親。修学旅行中に担任に対して「娘が面白くないとメールしてきた。何とかしてあげてください」と連絡してくる。

修学旅行中は人間関係の交錯が起きやすい（自由時間に誰と回るか、バスで誰が隣か、班の一人が戻ってこない……など）ので楽しいばかりではないのが普通です。ただ、こうした人間関係の交錯が起こることによって子どもたちが成長する機会となるのも事実です。しかし、この事例の母親は子どもが不快であることをとことん排除しようとして、かなり非常識な行動を取っています。母親が「子どもの不快に過敏に反応する」からこそ、子どもが母親に「面白くない」と連絡したのだと思いますし、これまでも「不快の主張」によって母親を操作して環境を変えてきた可能性も考えねばなりません。

子どもが不快だからといって、不快が生じるあらゆる状況を排除・操作してしまえば、成長に欠かせないような出来事を「要らない不快」と考えて回避してしまい、せっかくの成長の機会が失われることになってしまいます。

また、社会の中で自分が失敗したことを指摘されて「パワハラ」と言ったり、相手が思った通りにしてくれないだけで「あの人はおかしい」と言ったりしていれば、当然、成長することも、自分以外の人が「思い通りにはならない」という当たり前の感覚が身につくことも起こらなくなります。

「褒めて伸ばす」が変質してしまっている

「子どもを不快にすることへの拒否感」と関連がありそうな社会の風潮として「褒めて伸ばす」があります。

社会の中でかなり市民権を得ているように見える「褒めて伸ばす」という子育ての在

り方ですが、カウンセリングで多くの家庭を見る中で「褒めて伸ばしている」つもりが、いつの間にか「子どもの問題を指摘しない」「ネガティブなところを示さない」という形に変質してしまっていることがあります。

本来、「褒めて伸ばす」とは、「ネガティブな面は見せない」ということではないはずです。ポジティブなところだけを伝えて褒めるのに、ネガティブなところを無かったかのように振る舞うということは、子どもを根っこの部分では弱い存在だと見なしているのです。無自覚のうちに「ネガティブなところを示すとショックを受けて立ち直れないだろう」「この子にはそんなパワーはないだろう」と子どもの力を低く見積もっているからこそ、子どもがショックを受けるような情報を誤魔化したり加工したりするのです。こうした「現実の加工」を子どもへの「優しさ」と考えるのは、周囲の大人が抱えている「子どもを信じることができない弱さ」への言い訳です。

自己肯定感という言葉があります。定義は色んな人が色々言っていますが、ここでは文字通り「ありのままの自分を肯定する感覚」と思っていただいて問題ありません。

人間にはポジティブな面もあれば、ネガティブな面もあるのが当たり前です。このいずれに対しても「自分の大切な一部だ」と思えること、そういうネガティブな面を持つ自分であっても「肯定することができる」という実感を指して「自己肯定感」と呼ぶのです。

本書で何度も述べてきた「世界からの押し返し」とは、こういうネガティブな面もきちんと子どもに示していきましょう、そして「関係性の中で不快感を納める」とはネガティブな面がある子どもであっても「そういうあなたが大切だ」「そんなあなたと生きていく覚悟がある」ということを伝えていきましょう、ということなんです。

「やりたいこと」と「できること」

同じく「子どもを不快にすることへの拒否感」と絡んできそうな社会の風潮に「やりたいことを大切にする」というものがあります。

一見すると「やりたいこと」で生きていくのは素晴らしいことのように思います。ですがこの風潮も、「やりたくないことはしなくていい」という形に変質してしまうリスクがあることを忘れてはいけません。

マンガ『ONE PIECE』の第一巻で主人公のルフィが出港の際に、たった一人船の上で「海賊王に俺はなる！」と叫びます。まさに「やりたいこと」を叫んでいるわけですが、こうした「やりたいこと＝願望」には、他者を必要としないという特徴があります。願望はあくまでも個人の思いであり、他者の存在は本質として重要ではありません。誰かから承認されなくても、「○○をしたい」という願望は持つことができますからね。

これに対して「できること＝可能」は他者の存在が必要です。「○○ができます」と言うときには、その「○○」を必要としている人がそばにいることが前提です。私は一応「カウンセリングができます」と言えますが、この言葉は「カウンセリングを必要としている人」が存在するからこそ成り立つものなんです。一人でシャワーを浴びているときや、布団に入るときに「私はカウンセリングができます」とは言いません。そこには他者が存在しないのですから。

こうした「願望」と「可能」の間には、「子ども」と「大人」を分岐する境界線があると内田樹先生は述べています。大人というものは、自分が何者であるか、自分がこれからどこに向かって進んでゆくのか、何を果たすことになるのか、ということを「自分の発意」や「独語」の形ではなく、「他人からの要請」に基づいて「応答」という形で言葉にする人のことを指すのであり、これこそが「人間の社会」が始まる基本条件のようなものであるとしています。

そもそも子ども時代というのは「できること＝可能」を開拓・拡大していく時期です。自分は何ができるのか、為《な》すことができる範囲はどの程度か、そういうことを知る時期なんです。だからこそ、学校を始めとした社会の中では、子どもに「まだ知らないこと」を教えるし、「できないこと」でも頑張ってやってもらおうとするわけです。そういう活動を通して、子どもの「可能」を開拓・拡大するというのが学校の機能の一つなんです。

この時期に「やりたいこと＝願望」を中核にしてしまうと、可能の範囲を知らずに

「できる」と勘違いしたり、未知のものを「やりたくない」と子どもの快不快だけを基準にして排除してしまう恐れがあるのです。

社会の風潮が学校や家庭に降りてきている

子どもを不快にすること、褒めて伸ばすこと、願望で判断させること。互いに関連がありそうな社会の風潮ですが、これらの考え方が誤解されたり、都合よく改変されたり、極端に偏ることで、子どもの成長を阻害する可能性があることを述べました。

成長に必要な「不快に耐える肺活量」を持つことで子どもたちが「昨日の自分」よりも成熟すること、できないことを共有して「どんな自分でも、これが自分だ」と思えること、知らないことやできないことに取り組むことで「可能の範囲」を増やすことなどはすべて、子どもが社会的に成熟する上で欠かせないことのはずです。

しかし社会では、子どもを不快にすることを避け、できない自分を棚上げし、「やりたくないことはしない」というマインドが育つような風潮が中心になりつつあります。

こうした風潮が強くなってきているのは、今までの社会が子どもを抑え込んできたことへの揺り戻しなのか、養老孟司《ようろうたけし》先生が述べるような「西欧近代的自我」が導入されたこと（唯一無二の「自分」があって、それは本質的に変わらない。だからそれを尊重しなければならない。周りも認めねばならない。阻害するのはおかしい。という感じ）が関連しているのか、確実なことは言えませんが、さまざまな背景がありそうです。いずれにせよ、本書で紹介したような子どもたちの不適応の増加は、こうした社会の風潮が学校や家庭にまで降りてきていることによって生じたと私は推測しています。

3　外界と調和することへの拒否感

「なまはげ」が教えてくれる大切なこと

第2章で述べた子どもたちや親のあり様から、外界との関わり方にかなり特徴的な様子が読み取れたと思います。外界との関係の取り方について、秋田の男鹿《おが》地方の風習である「なまはげ」を通して考えていきましょう。

なまはげという鬼のような化け物が家に来て「悪い子はいねがー」「山に連れて行くぞ」などと怖がらせ、子どもは「お利口にします（泣）」と約束し、親も「すみません」

「お利口にさせます」などと頭を下げ、ていねいに接します。

こうした一連のやり取りには、以下の事柄を教えるという人類学的な意味があると内田樹先生は述べています。

①家の外には「家の仕組み」とは異なる「外の世界」がある。

②親であっても「外の世界」を簡単には変えられない。

③なので、子どもたちは「外の世界」に合わせていくことが重要になる。

小さい子どもは「家の仕組み」を世界のすべてだと思っています。これは自然なことですが、成長するにつれて「家とは別の外の世界がある」ことを理解していくことが求められます。なまはげは今までの「家の仕組み」が通用しない「外の世界」を象徴する存在として登場するわけです。好き勝手していては許してもらえない「外の世界」があるという経験ですね。

併せて、そういう外の世界の仕組みは「そう簡単には変えられない」ということも学んでいくことが大切です。多くの人が共存するためにはルールや法律などの仕組みが必要で、少し窮屈でも「みんなが少しずつ我慢すること」によって、みんながそれなりに心地良く過ごすことができるように外の世界は設計されています。「外の世界」の象徴であるなまはげに対して、親が頭を下げ、ていねいに接することで子どもに「変えることが難しい外の世界がある」と伝えていくことになるわけです。

また、アメリカを代表する精神科医であるハリー・スタック・サリヴァン（一九五三）は、児童期の子どもが身につけるべきは「協力・競争・妥協」であるとしています。学校という社会に加入することは、家庭教育の歪《ゆが》みが是正されるチャンスであるとも述べています。学校社会の中で、誰かと協力したり競争とその結果に伴う感情を体験したりすること、自分の欲求について妥協することなど、家庭ではしなくて済んでいたことを学校社会で身を以て味わわされるというわけです。

「外界と調和するつもりがない」というマインド

こうした「外界に合わせる」という考え方には、かなり強い反対の声があります。「外界に合わせていては、その子どもの個性が潰されてしまう」「同調圧力によって、言いたいことも言えなくなる」など。
そういう声も一理あるとは思うのですが、最近は以下のような事例に出会うことも稀《まれ》ではなくなりました。

【事例2：〇〇ちゃんワールドを大切にしてほしい】

年中の保育園児。みんなが一緒に参加する活動であっても、自分の好きなことをしており、活動に誘っても頑として受け付けない。親に相談すると「〇〇ちゃんワールドがあるんだから、それを大切にしてほしい」「嫌がることをさせないでほしい」と話す。

この事例の親は、自分の子どもが周囲と違う活動をすることによって、クラスに割り当てられている数少ない保育士の一人が、自分の子どもに付きっきりになってしまうことには考えが及ばないようです。また、残りの保育士が一人当たり見なければならない園児の数が増え、それが取り返しのつかない事故につながるリスクにも興味がないのでしょう。

こういう事例に会うたびに、そもそも最初から、集団に溶け込もうとすることや、集団の中で周囲に合わせて自分を変えることを放棄してしまっている印象を受けます。いわば「外界と調和するつもりがない」というスタンスを堅持しているわけです。

もちろん、発達障害、ギフテッド、その他の特徴の凸凹など、子どもが環境に「調和しづらい」要因はたくさん考えられます。彼らが環境と「調和するつもりがあるけど、調和しづらい」のであれば、周囲の大人は彼らの特徴をきちんと把握し、困難を軽減し、その環境にいやすくするための努力を最大限していくことが重要になります。

ですが、彼らが環境と「調和するつもりがない」としたらどうでしょうか？　自分には個性があるんだ。他の人とは違う自分なんだ。そんな自分を周囲は大切にするべきだ。自分は変わるつもりがない。そういうマインドを持っている人が、「自分に合わせて環境を変えてくれ」と働きかけてきたとしても、その要求に応じることに戸惑いを覚える方が自然ではないでしょうか。

個性とは他者との関係の中で滲《にじ》み出るもの

このような「外界と調和するつもりがない」というマインドが生じる要因の一つに、個性に関する誤った認識があると私は考えています。

個性を「他の人と違うこと」だと思っている人がいます。だからこそ、「周囲に合わせること」に否定的な感情が生じるわけですし、そう信じて疑わない人ほど、学校で一斉教育をすることや、他者と同じことをすることを「個性を損なう」と考えがちです。

ですが、個性とはそういうものなのでしょうか？　他者と同じことをしていたら個性は本当に育たないのでしょうか？　私は人間の内側にある個性というものは、そんなことで損なわれるほどヤワなものだと考えていません。

歌舞伎や落語を思い浮かべてください。これらの「内容」はかなりの年月変わっていません。多くの役者や落語家が「同じ内容」をずっとやり続けているはずです。しかし、演じる役者や落語家によって「違い」があります。だからこそ「あの人のにらみは良いねぇ」とか「この人の人情噺《ばなし》はひと味違う」などの感想が出てくるわけです。つまり、

「同じ内容」をしていても、その人の「らしさ」や「個性」が滲み出てくるのです。

個性とはそういうものです。他の人と同じことをしているとか、そんな表面的なことで押さえ込めるようなものではありません。個性とは「他の人と同じことをしていたとしても滲み出てきてしまうもの」なんです。


もちろん、個性の発見は一日にしてならずです。ある程度の期間、周囲と同じことをしていないと「周囲とは異なるところ」「他者とは一味違うところ」がわかるはずはありません。社会から提示されたことに取り組み、反復を繰り返すという日々が必要になりますし、それ自体は楽しいことばかりではないでしょう。しかし、こうした期間があるからこそ「他者と同じことをする中で発見された個性」を持つ人は、社会の中で「孤立していない」と言えます。

しかし、「他者と同じことをしていては個性が育たない」と思っている人は、他者との関係を重視しなくなります。他者と関わっていれば、そのぶん個性から遠のくと考えているわけですからね。ですが、他者との関係性を前提としない「個性」というものは、たとえ本当にオリジナリティのあるものだったとしても「孤立」の匂いがするものになってしまいます。

only one と one of them

この「個性」と同じような考え方に「only one」があります。かつて「世界に一つだけの花」という歌が大流行しましたが、そのあたりから爆発的に広がったように記憶しています。「自分は only one だ」「うちの子は only one なんだから」という声に対して、現代では非常に異議を唱えにくい風潮があります。

しかし、「only one」であることと、社会と調和しようとしないことや、社会からの要求に応えないことは別なはずです。唯一の自分であっても、大勢の中の一人であるという事実は変わりません。その事実を無視し、社会の中で「only one」として振る舞えば振る舞うほど、社会からは「調和しない人」として扱われる恐れがあります。その扱われ方は、おそらく「自分は only one だ」と主張する人が望むそれとは大きく隔たりがあるものになってしまうことでしょう。

精神科医の中井久夫《なかいひさお》先生は、人間の精神的健康の条件として「only one＝唯一の自分」であるという自覚と、「one of them＝大勢の中の一人」であるという自覚のバランスを挙げています。これらは互いに矛盾するものですが、その矛盾をそれ以上詮索することなくいられる状態が重要であるということです。

個性の尊重であれ「only one」であれ、重要なのはバランスです。個性を尊重するあまり集団への調和を軽視してもいけませんし、「only one」であることに重きを置くあまり「one of them」であることを受け容れられないようでは困るわけです。

私は、このような個性や「only one」についての偏った社会の風潮が、本書の第2章の冒頭で挙げている「思い通りにならないことに耐えられない」といった子どもの状態を招いていると考えています。幼いころから「個性尊重」「only one」という主題を中核に据えて育てられてきた子どもたちが、いざ学校という「外の世界」に出立するにあたり、調和の難しさ、環境への不快を訴えるのは自然と言えば自然です。

また、「個性尊重」や「only one」が変質して、子どもの否定的な側面から目を逸《そ》らす盾となってしまったならば、子どもたちは「こころの奥底にある自信の無さ」を共有される機会も得られず、また、その自信の無さを覆い隠すように「万能的な自己イメージ」を前面に押し出すことも無理がないと言えるのではないでしょうか。

4　外罰的な風潮の影響

「恥ずかしい」から「怖い」への推移

本章の最後は「外罰的な風潮」について述べていきます。「外罰的」とは、簡単に言えば「人のせい」「相手が悪い」などのように、問題の在《あ》り処《か》を自分の外側に帰属する構えのことを指します。本書で紹介している不適応を示す子どもやその親にもよく見られるマインドになりますから、詳しく述べていくことにしましょう。

戦前における代表的な対人恐怖の症状として「赤面恐怖」がありました。人前に出ると不安や緊張で顔が赤くなり、それを自覚してさらに赤くなるような状態になることで、思春期に多く、他者との接触を避けるようになるなどの社会的不利益が生じやすいとされています。こうした赤面恐怖症の人が訴えるのは「恥ずかしい」という感情でした。

ですが、最近、赤面恐怖症の人が示すような「恥ずかしい」という感情に基づく心理的問題はめっきり影を潜めました。それに代わって頻出するようになった訴えは「怖い」というものです。この「怖い」という訴えの増加傾向は戦前直後から一九九〇年代にかけて徐々に見られるようになってきたとされています。

この「恥ずかしい」と「怖い」では、精神内界にて生じるメカニズムがかなり異なります。「恥ずかしい」という体験は、自分の内側に生じた感情体験が「自分のものである」という認識があるからこそ生じるものです。「こんなものが自分の内にあるなんて恥ずかしい」という感じだと思ってもらえれば大丈夫です。一方で「怖い」という体験は、自分の内側にあるものが他者に投影され、投影されたものが自分に向かってくるから「怖い」となるのです。

例えば、自分が「ある状態の人」をバカだと思っているとします。ですが、自身がその状態になったとき、自分自身をバカであるとは受け容れられないので他者に投影し、その他者が「自分のことをバカにしてくる」と感じるわけです。つまり、自分の内にある否定的な感情体験を「自分のものである」とは認められず、それを外部にあるものと見なすために「怖い」という感情が生じるに至るのです。この自分の内側にあるものを「自分のもの」と認識しているか否かが、「恥ずかしい」と「怖い」の大きな違いと言えます。

また、こうした「怖い」と訴える人は、当然ながら、他者から「傷つけられた」と感じる機会が増えます。元々は自分自身の感情体験であっても、それを他者に投影した上に、自らに向けられたと感じて「傷つく」わけです。

言い換えれば、「恥ずかしい」という訴えは、自責的な態度を反映したものと言えます。ですが、「怖い」や「傷つけられた」という訴えについては、結局のところ自分を傷つける他者を責めるという他責的な態度になります。精神科医の成田《なりた》善弘《よしひろ》先生は、こうした特徴について「彼らは自己の怒りや攻撃性を人格の外に排除し外界に投影することによって、人格の統合を維持しているのであろう」と述べています。

こうした「自責」から「他責」への変化が、「恥ずかしい」から「怖い」「傷つけられた」という訴えの変化につながっていると考えられます。

他責的なスタイルで生きていくリスク

「自責」から「他責」への変化は、明確に子どもたちにも見受けられます。ちょっとした他者とのいさかいを「いじめ」とラベリングしたり、自身に起こった不快な出来事について「○○された」という被害的な文体で語る中に、「自責」から「他責」への変化が刻々と子どもたちに起こっていると感じさせます。

不快の原因を他者に帰することで、一時的には自らの問題を棚上げし、軽やかな心持ちを経験することができるでしょうが、何事にもリスクは伴うものです。本項では、他責的なスタイルで生きていくことで生じる懸念をいくつか指摘しておきます。

まずは、他責的なスタイルで生きていると、どうしても対人関係の中で「加害者――被害者」という枠組みで捉える機会が多くなってしまいます。もっと詳しく言えば、対人関係の中で生じる「お互い様だし喧嘩両成敗《けんかりょうせいばい》」「相手に悪気はない」という出来事であったとしても、「向こうが悪い」「自分は被害者」という認識になりやすくなります。

【事例3：学校で録音をする男子】

小学校六年生の男子。同じクラスの男子児童から「いじめられている」と話す。確かに、男子児童がぶつかってくる等は見受けられるが、発達に特性があること、他の児童にも同じことをしてしまっているなどの状況である。休み時間に二人は一緒に遊ぶことが多く、それ故にトラブルも起きやすい。親が男子にボイスレコーダーを持たせて学校内で録音したり、されたことについて逐一記録を取るよう話しており、男子は親の言う通りに動いている。そのうち、男子児童が「目の前を通った」「目を逸らした」などのような、いじめとは言えないような出来事にも過敏に反応するようになり、そのたびに親が学校に連絡して改善を求めてくる。

確かに、当初、この男子がされていたことは「いじめ」と捉えることもできます（いじめの判断基準は「されている本人が不快を感じているか否か」だから）。ですが、「自分は被害者である」という枠組みで外の出来事を捉え続けることで、周囲がしてくることすべてが自分への悪意を含んだものと解釈されている節があります。

問題なのは、親がこの「ストーリー」に積極的に協力していることです。事例後半部分の、いじめと認定するには無理のある出来事に対しても親は改善を求めてきていますが、ニュートラルな出来事であっても「悪意がある」と認識してしまっている状況では改善は望めません。こうした事例が行き過ぎた場合、本人が「加害者を生み出す人」として周囲から遠ざけられ、そのことをまた被害的に受け取ってしまうという悪循環に陥る恐れがあります。

このように「被害者というストーリーの中で生きる」ということは、外界で起こるさまざまな出来事を、そのストーリーの枠組みで解するという形になりやすいわけです。

他責的なスタイルの厄介な点は他にもあります。それは「自分の問題を、自分の問題として扱うことが難しくなる」ということです。具体的な事例を見ていきましょう。

【事例4：母親をあごで使う高校生】

不登校傾向にある高校生女子。単位取得が怪しくなったため、母親が登校を促すと「行くつもりだったのに、そんなこと言うから行く気無くなった」と話す。また、母親をあごで使うような言動が目立つが「勝手に生んだんだから、一生言うとおりにするのが義務」と言い放つ。親のクレジットカードを使い、好きなアーティストのグッズを購入したり、ライブに出かけるなどを繰り返している。

私はカウンセリングにおいて、「目の前の人が精神的に成熟した個人であることを期待する」という姿勢を保つことが大切だと考えています。もちろん、不幸な生い立ちや、親の困った振る舞いの存在などは残念なことですが、根気よくカウンセリングをしていく中で、自分が自分の言動に少しずつ責任をもてるように進めていかねばなりません。

ですが、「相手が悪い」というスタンスを崩さず、問題を周囲に帰属させる人ほど、自分の問題を自分の問題として認識することが困難です。この事例においては、「勝手に生んだ」と言い放つ本人の心中には、この世に生まれ落ちた苦しみや、親への深い絶望と怒りがあるのかもしれません。ここに理解を向けると同時に、やはり本人が「自分の問題を、自分の問題として扱っていくこと」ができるよう働きかけていくことも大切になります。それは、最終的に本人が「自分の人生の責任を、自分で負えるようになる」ために必要なことになるからです。

ちなみに、子どもが親から被ったマイナス体験について、親から事情をよく聞くと、そのような羽目に陥らざるを得なかった状況を理解できることが多いものです。支援者という中立的な媒介者が、こうした事情を具体的に説明したりその補助をしたりすることができれば、親子の相互理解が飛躍的に促進される可能性があることも知っておかねばなりません。もちろんその前に、子どもの当時の怒り、恨み、恐れ、悲しみが十分に表出され、理解されていることが前提ではありますが。

「自由」と「責任」の連動性を学ぶこと

こうした他責のマインドによる不利益を防ぐため、どういう関わりや予防が重要になってくるかを述べていきます。

【事例5：子どもが金髪にしたいと言い出した】

中学校一年生女子の母親。スクールカウンセラーとの面接の中で「子どもが夏休みに金髪にしたいと言い出した」「母親としては、夏休み中だけなら良いかなと思っている」「保護者会で先生に相談したら渋い顔されたけど、ダメとは言われなかった」と話す。

この相談（？）に対する私の返答は以下の通りです。

・スクールカウンセラーの立場で大切だと思うのは、「金髪にすることによって起こる色んな出来事を、自分の責任として受けとめられるかどうか」である。例えば、先生から指導されたり、夏休み明けに「金髪にしていたらしいよ」と言われたりと、今までは起こらなかった出来事が、金髪にしたために起こることが予想できる。

・本人がこのような出来事について「これは自分の責任だ」と思えるのであれば、それで良い（あくまでも、スクールカウンセラーの立場ならば）。

・逆に、「自分がやったことの結果」であるにもかかわらず、周りに対して怒ったり、否定的に解釈して「いじめだ！」と言ったり、「お母さんが止めてくれなかったから」と責任転嫁をするようであれば、まだ自分の行いに責任を取れるほど成熟していないということになるので金髪にするのはいかがなものか。

社会的成熟の要件の一つに「自分の責任の範囲を自覚し、その範囲の中で動き、そこで生じた責任を取る」ということが挙げられます。「責任の範囲を自覚する」とは、自分がどこまで決めていいか、口出ししていいか、行動していいか等に対する自身の社会的立場を踏まえた理解になります。社会的に成熟している人ほど、この範囲をきちんと理解し、自分の言動を律しています。

この点に関して、小学生や中学生は未熟なことが多いです。むしろ、こうした「責任の範囲」を、逸脱行動も含めたさまざまな体験の中で学んでいるさなかの時期と言えます。この面を成熟させていくためには、親をはじめとした周りの大人が「自分の責任の範囲を理解し、それを守っている姿」を見せること、子どもが自分の責任の範囲を踏み越えたときに注意をすること、そこで出てくる子どもの感情を受けとめること等が大切になります。

ちなみに、相談に来た母親は「うちの子はたぶん、周りに対して怒ったり、私のせいにしたりして、自分の行動の結果だと思えないと思う。金髪にするのは止めておくように言っておきます」と話されていました。もちろん、子どもに「金髪にするのは止めておいた方が」と言えば、そこでまた親子のいさかいが生じるでしょうし、子どもはそれが面白くないでしょうが、それも含めて「金髪にする」という自由や権利を行使することについて回る義務や責任と言えますね。

自身の「責任の範囲」を知るということは、自身の「自由の範囲」を知ることであり、また、自由に伴う「義務や責任」についても理解するということでもあります。

最近、飲食店などにおける若者の行き過ぎた言動に対して、企業が損害賠償請求等の毅然《きぜん》とした対応を取るようになってきています。こうした行き過ぎの言動は、彼らが自らの「責任の範囲」を体験的に学んでこなかったことが影響しているのではないか。また、企業が厳しい対応を取るようになったのも、こうした「責任の範囲」を知らない人への対抗措置ではないか。そんな風に連想するのです。

コラム　それって誰の問題？

親から「勉強しなさい」「部屋の片づけをしなさい」と言われて、イラっとした経験は誰もがあると思います。親からすると、子どものためを思って言っているのに……という気持ちなのですが、子どもにとってはうるさい親の小言でしかありません。まさに「親の心、子知らず」ですね。せっかく子どものために言っているのに、子どもがそれをうるさいと感じてしまうのはなぜでしょう。

説明のひとつとして有効なのは、第2章のコラムでも説明した親子の段階のズレによって生じるというものです。何をいつするかをすでに自分で決められる年齢になっているにもかかわらず、親は②の声の届く範囲に子を置こうとして、子どもの行動に口を出す。このズレによって、反抗が生じるということです。

また、別の説明としては、親が自分の課題と子どもの課題を分離できていないということが言えます。課題の分離は、オーストリアの精神科医であるアルフレッド・アドラーが提唱した概念です。アドラーは、人の悩みや問題はすべて対人関係上において生じるものであり、そのような対人関係上の悩みや問題を生むひとつの要因となっているのが、課題の分離ができていないことだと説明しています。

課題の分離とはなんでしょうか。簡単にいえば、「そのことによって困るのは誰か」をしっかりと認識して、困らない人がそのことに首をつっこまないようにするということです。たとえば、親が子に「勉強しなさい」というわけですが、勉強しないと困るのは誰でしょうか？　勉強ができずにつらい思いをしたり、周りからバカにされたり、希望の進学先に行けなかったり、高校であれば留年もあり得るかもしれませんが、それらが生じて困るのは子どもです。つまり、勉強するかどうかは子どもの課題であると言えます。一方、子どもが勉強しないことで親が困ることは何でしょうか？　もちろん留年されると一年分余計に学費がかかるなどの問題は生じるかもしれませんが、実際に親が困ることは取り立ててありません。それにもかかわらず、親が子どもに「勉強しなさい」というのは、親が子の課題に勝手に干渉しようとしていることになり、トラブルの原因となります。

もちろん、世の中、そんなに単純できれいに切り分けられる場合だけではありませんが、少なくとも「このことで一番困るのは誰か？」と考えることで、「誰の課題か？」を少し意識することはできると思います。

ただ、それでも「子どものことを思って」「子どものために」と口を出したり、何かをしたりするのは、親の性《さが》といえるかもしれません。ですが、その多くは徒労に終わり、親子間の葛藤を生むだけの場合もあります。以前、高校生の娘を持つ母親から相談を受けたことがあります。娘の制服のスカートがとても短くて、下着がいつも見えそうだ。毎朝「長くしなさい」と言っているが、「これがかわいい」「みんなと同じ長さ」と言って頑として直そうとしない。それで毎朝ケンカになる。どう伝えたら、娘はスカートを長くしてくれるのかという相談でした。

この際、「スカートの長さは誰の課題か？」を考えてみましょう。スカートが短いことで下着を誰かに見られたり、痴漢にあったりするかもしれませんが、それは娘が困ることです。つまり、スカートの長さは娘の課題であって、母親の課題ではないと言えます。そのため、毎朝「スカートを長くしなさい」と母親が言うことは、娘の課題に干渉していることになり、ケンカになるのは当然です。そこで私はその母親にこのように問いました。「昨日「長くしなさい」と言っても今日長くなってなかった。では、今日「長くしなさい」と言ったら、明日は長くなると思いますか?」と。母親の答えは当然NOでした(これを論理的結末と言います)。親が子どもの課題に干渉するのは、親が言えば子どもは動く・変わると思っているからです。ですが、実際には、子どもであったとしても他人を変えることは難しいです。一方、自分の言動を変えることは簡単です。毎朝娘とケンカをして嫌な気持ちになるのが嫌だということであれば、これは母親の課題です。ではケンカをしないためにはどうしたらよいか。それは「スカートを長くしなさい」と言うのをやめる、つまり、娘の課題に干渉するのをやめるということであり、母親自身の言動を変えるということです。これによって少なくとも毎朝のケンカはなくなるわけです。

ちなみに、このエピソードには後日談があります。数か月後、この母親と再会する機会がありました。「その後、娘さんのスカートの長さはどうなりました?」と尋ねると、友人グループのひとりがスカートを少し長くしたら、娘も含めてみんながマネするようになったので、少し長くなったと言っていました。そして、「私が毎朝毎朝言っても変わらなかったのに、友だちが変えたらすぐに変わるんですね」とちょっと残念そうに言っていました。でも、それは当然のことなのです。先にも書いたように、スカートの長さは娘の課題なので、娘が変えようと思えばすぐに変えられますが、母親が娘の課題に干渉しようとしても変わるものではないのです。

また、課題の分離ができていないことには別の問題もあります。それは、子どもの責任を親が負ってしまうことで、結果として子どもが自分の言動に対して無責任になってしまうということです。忘れ物をしたときに親が学校に届けるということがあります。忘れ物をして困るのは子どもの課題であって、親は本来干渉すべきものではありません。しかし、「子どもが困るだろう」と思って、親は忘れ物を届け、子どもは困ることなく授業を受けることができます。朝寝坊をして「お母さん、どうして起こしてくれなかったの！」と怒る子どもがいますが、これは朝起きるのは子どもの課題なのに、いままで親がその課題に干渉し、責任を負ってきたため、子どもは自分の課題にもかかわらず、親がその課題を抱え、責任を負ってくれると思い込んでしまっているのです。このように親が課題の分離ができていないと、子はその干渉を不快に感じるか、自分の課題もすべて親が抱えてくれるのだと思い込んでしまうことになるのです。

親がついつい「子どものため」と思ってやってしまうことが、結果として子どものためになっていないことが少なくありません。子どもとの関わり方（中・高校生の皆さんの場合は親との関わり方）を課題の分離という観点から見直してみてはいかがでしょうか。

第4章　子どもが「ネガティブな自分」を受け容れていくために

1 「ネガティブな自分」を受け容れる

支援の目標を考える

本章からは具体的な支援方法に入っていきます。支援の方向性を考えるために、まずは、不適応を示した子どもたちが、最終的にはどういう姿になることを目指して支援を行うのかについてお話しします。

イソップ寓話《ぐうわ》に「金の斧《おの》」というお話がありますが、ドラえもんでは「金の斧」をモチーフにした「きこりの泉」というひみつ道具があります。

泉の中に品物を入れると女神型のロボットが現れます。この場合の「品物」は道端に落ちている小石や食べ物、生き物（人間を含めた動物）でもＯＫです。女神ロボットは泉に落とした品物と同じ性質だがランクの高い品物を手にしており、「あなたが落としたのはこの○○（高級どら焼き）ですか」と尋ねてきます。ここで正直に「いいえ、私が落としたのは△△（普通のどら焼き）です」と伝えると「正直のご褒美にこちらを差し上げましょう」と告げられ、そのランクの高い品物がもらえるわけです（このお話を知りたい方は「きれいなジャイアン」で検索してみてください）。

冒頭で挙げた「問題が改善した姿」というのは、この泉に「弱くてダメなところのある自分」を放り込んで、「弱くてダメなところのある自分」と「そういう弱点の無いきれいな自分」が目の前に示されたときに、それでも「弱くてダメなところのある自分」を選択できるという状態だと考えています。「弱くてダメなところのある自分」だけど、それも含めて自分なんだ。今の自分を創りあげている一部に、どうしても自分の弱さが必要なんだ。この弱さがないと、自分が自分ではなくなってしまう。私は自分自身でありたい。そんな風に自分に対して思えること、「弱くてダメなところのある自分」も自分自身の一部であると認め、受け容れることができる状態を目指して支援をしていくわけです。

「ネガティブな自分」と向き合う

これを端的に言えば、「ネガティブな自分を受け容れる」ということになります。本書で繰り返し述べていることですが、子どもたちが「ネガティブな自分」を受け容れていくために必要なのは、周囲の大人が「ネガティブな面がある」という事実を認め、そのことを子どもと共有することです。更に、子どもに「ネガティブな側面」があったとしても関わり続けること、子どもが「ネガティブな自分」を感じているときの不穏感情を大人との関係性の中で納めていくことが大切になります。

これは考えてみれば当たり前のことです。「ネガティブなところを有するあなたとも一緒に生きていくよ」というメッセージは、子ども自身が「ネガティブな自分」を感じているときに送らないと意味をなさないのです。うまくいかない状況を回避し続けているときや、「万能的な自己イメージ」で自身の脆弱《ぜいじゃく》さを覆い隠しているときに、いくら「ネガティブなところを有するあなたとも一緒に生きていくよ」と伝えたとしても、「何を言っているの？」という反応になってしまうことでしょう。

子どもに「ネガティブな自分」と向き合わせるやり方はかなり多様です。親やカウンセラーが自分の苦手なことを自己開示して「苦手なことがあるのは自然なことだよね」と雑談的に伝えるだけでも効果的な場合があります。また、親が子どもの宿題を見るときに、間違ったところについて「こういうところが苦手なんだね」と確認することも、子どもの「ネガティブな側面」を共有しているわけです。

ただやり方は色々あるものの、やはり子どもに「ネガティブな自分」と向き合わせるのは簡単ではありません。

なぜなら、本書で紹介した「思い通りにならないことに耐えられない」「万能的な自己イメージ」「こころの奥底に自信の無さがある」といった特徴を備え、学校などの社会的状況から遠ざかる等の不適応を示している子どもであるほど、こうした「ネガティブな自分」との直面を回避するような「こころの生活習慣」を身につけています。「ネガティブな自分」を感じる状況を無自覚のうちに回避したり、そういった状況になると身体症状が生じたり、誰かのせいにすることで自分の問題から目を逸《そ》らしたり、現実を認めなかったり、環境を操作してしまうなど、「こころの衝撃」を避けるためのさまざまなパターンを身につけてしまっているのです。

そこで、次項では実際に学校で不適応を示している子どもが、自らの「ネガティブな側面」と向き合うことを促進するためのポイントを紹介していくことにします。

「ネガティブな自分」に向き合わせるための要点

子どもに「ネガティブな自分」を感じるような状況と向き合わせるやり方は、子どもの状態像によってかなり変わってきます。ですが、多くの事例で共通して言えそうなことが無いわけでもありませんから、以下四つに分けて列挙していきましょう。

①外界との関わりを通して成長していく

苦手なものを回避していたり学校への行きにくさを感じていたりしたとしても、学校生活を継続できている方が改善・成長は早いです。学校生活を送っていれば、ルールとぶつかることや自分の実力に直面することを折に触れて体験せざるを得ません。そして、そうした体験に伴う傷つき・不穏感情を支えられる体験も生じやすくなります。このような「外界での傷つき+支えられる」というワンセットが生じやすい状況を維持しておくことが支援において大切になります。

そして、外界で子どもが過ごすことを大切にするのであれば、あまり「子どもの不快感」に基づいて対応を決めるのは考えものです。従来の不登校支援に慣れてしまっている支援者ほど、子どもに対して「無理させないように」という方針で関わり、子どもが不快感を示したら状況から遠ざけるというパターンに陥りやすいです。

ですが、本書で指摘している子どもの不適応では、子どもは外界が自分の思いとズレると不満を抱き、その外界を回避しようとします。しかし、その外界と自分とのズレを体験し、傷つき、支えられることが重要であることを踏まえれば、子どもが嫌がったとしても「このままの状態なのは心配」「嫌だからしないというのはどうだろう」などのように、子どもが向き合えるよう必要に応じて働きかけることも選択肢に入れておきたいところです。少なくとも、本書で示した不適応については「子どもが嫌がるから止めておく」というスタンスが遷延を招くリスクもあると知っておく必要があります。もちろん、激しく嫌がっていることをさせるのは物理的に不可能ですが、子どもの不快感だけでなく、親としての思い、学校という社会的な場で見せる姿、子どもが社会で生きていくために必要なことは何か、といった様々な方向性から子どもに現時点で大切なことを見立てた上で関わり方を精査していくことが重要です。

「外界での傷つき」を避けるパターンが固着している事例であるほど、支援者は親や学校と連携を取り、本人が回避しなくて済む程度の「学校との関わり」を調整していくことが大切です。また、「外界での傷つき」を避けるあまり、本来なら伝えられて然るべき情報まで伝えない形になっていないかチェックしておくことも大切になります。具体的には、健康診断のお知らせ、写真撮影のお知らせ、中学校三年生時の進路希望調査の問い合わせなどです。これらは、本人の状態を鑑みつつ、基本的には「伝えていく」という前提でいた方が望ましい場合が多いです（もちろん、実際に写真を撮ることなどが大切なのではなく、伝えること自体が大切なんです）。

②子どもの不穏感情と「ごちゃごちゃする」こと

子どもに「ネガティブな自分」と向き合わせるときに重要なのが、「子どもから不穏感情が表出されていること」になります。いくら「ネガティブな自分」と向き合うような状況になったとしても、子どもがその時の不穏感情を表出していなければ、関係性の中で支えていくということが困難になるのです。子どもの不穏感情が表出されてさえいれば、その感情を関係性の中で納めていくということがしやすくなります。そして、「関係性の中で納めていく」を実際の関わりに言い換えれば、「ごちゃごちゃとしたやり取りを根気強く続ける」ということになります。

【事例1：徐々に混乱が小さくなる男子】

小学校四年生の男子。テストがある日になると学校を休みたがるので、親が「そういう時にだけ行かないのは良くない」と伝えると、暴れたりトイレに閉じこもる等の反応を示す。こうした反応に対して、親はなだめたり、叱ったり、さまざまな関わり方をしながら何とか学校に送り出す日が続く（もちろん、欠席する日もある）。だが、こうした関わりを繰り返すうちに、徐々にテストがある日の混乱が小さくなり、最終的には学校への抵抗感を示さなくなる。中学校進学後も、安定した様子で過ごすことができている。

この事例のように、学校で避けたいことがある子どもを学校に送り出そうとするときに抵抗を示すというのはよくあることです。これは親にとって大変な状況ですが、「子どもがきちんと不穏感情を表現できている」という点でマイナスに捉える必要はありません。子どもの不穏感情をめぐる「ごちゃごちゃとしたやり取り」を根気強く続けることで、子どもの内に「親はネガティブな自分であっても関わってくれる」という感覚が浸み込んでいくのです。

ただし、こうした「ごちゃごちゃとしたやり取り」ができない場合もあります。「ごちゃごちゃとしたやり取り」になるためには、多少は親が子どもの意に反することを伝えていくことになるわけですが、この時に子どもから不穏感情が表現されない、自室に閉じこもってリビングで過ごさない（親から遠ざかる）、身体症状が強くなるなどの反応が一過性ではなく長期的に出るようであれば対応を変えていくことも考えねばなりません。こういう反応は、子どもが我慢しているだけだったり、親に対する信頼を失っている可能性を考慮する必要があるからです。こういう場合はまた別角度からのアプローチを考えていくことになります。

言い方にも工夫が必要です。ただ単に「学校へ行きなさい」「勉強しなさい」と伝えるのではなく、「学校にずっと行けないままなのは心配だ」「苦手なことだからしないままでいるのは心配だ」という「心配ベース」で伝えていく方が好ましいです。目的はあくまでも親子で「ごちゃごちゃとしたやり取りをすること」ですから、ただ命令して抑え込むという形になるのは良くありません。「心配ベース」のような親のこころの揺らぎを含む伝え方の方が、子どもとしても不穏感情を表出しやすい場合が多いようです。

ただし、まったく学校に行けていない子どもに対して「学校に行きなさい」と伝えても、不穏感情を表明してくれない場合が多いです。彼らは、（そのように見えなくても）こころのどこかで学校に行けていないことに罪悪感を抱いており、「学校に行きなさい」と言われたらぐうの音も出ないわけです。そういう時には、学校の話題出すことよりも、家庭内の振る舞いから「ごちゃごちゃ」できそうなポイントを見つけていく方が効果的です。

また、よく親から「どこまで押せばいいですか？」「どこまで引っ張っても大丈夫ですか？」という質問を受けます。重要なのは、親子の間で「ごちゃごちゃとしたやり取り」ができることですから、親が学校の話題を出しても「ごちゃごちゃ」できたり、甘えが生じるようであれば多少は「子どもが苦手な状況」に向けて粘ることを勧めます。

実際には「親としてこれまで関わってきて、学校に向けて押したときに動き出しそうだったり、迷いが生じそうであれば、押しても大丈夫です」という形で助言することが多いです。すなわち「親の肌感覚」で、学校に行くことへの葛藤が生じるか否かを判断してもらうわけですね。親は子どもとたくさん関わっている「専門家」ですから、この辺の「肌感覚」はかなり正確に理解されることが多いです。そして、その葛藤と関わることが支援においては重要であることを伝え、「学校に行く・行かない」という結果については二の次であることを強調します。事実、こうした葛藤が生じて、かつ、親子関係の中で扱える場合には、登校できなかったとしても長期的に見れば予後が良いのは間違いありません。

この項目の最後ですが、多くの事例に関わっていると、子どもの不穏感情に対して、「そういう時には関わらない方が子どもは楽なんじゃないか」「しばらくそっとしておいたら落ち着く」と考えて意図的に関わらないようにしているパターンが散見されます。親は子どものためを思って関わらないようにしているのですが、子どもは「ネガティブなところがある自分とは関わってくれない」と考えてしまう恐れがありますし、もっとも重要な「ごちゃごちゃ」が生じにくくなってしまいます。子どもの不穏感情と関わるのは大変ですし、関わったとしてもすぐに落ち着くわけではないので躊躇《ちゅうちょ》する気持ちも理解できます。しかし、子どもが自らの「ネガティブな側面」を受け容れていくためには、親子での「ごちゃごちゃ」の二人三脚が欠かせないと考えておきましょう。

③「思い通りにならないこともある」というメッセージの大切さ

従来の不登校の支援方針が世間一般にも広がったことで、「子どもが落ち着くように」という関わりを家庭内でもしている場合が多く見られます。しかし、その方針を

「思い通りにならないことに耐えられない」「万能的な自己イメージ」といった特徴を備えている子どもに採用することで、苦手なことをやらない、快不快で物事を判断するといった状態になる恐れもあります。

そういう事例の場合、家庭内でも親がかなり子どもの言うとおりに動いており、家庭のルールを歪《ゆが》めてしまっていることなどが見受けられます。子どもがあるおかずを食べるのを嫌がったら「ごめんね」と言いながら別のおかずを作ったり、一番風呂しか受け付けない子どもがなかなか風呂に入らないため家族全員の予定が後ろ倒しになっているなどは現場で耳にすることが多い事態です。

大切なのは「思い通りにならないこともある」というメッセージを、折に触れ言葉で伝え続けることです。学校という多くの人が一緒に過ごす場所では、みんなが少しずつ不自由を受け容れることで（ルールや規律に従うことで）、みんながそれなりに過ごしやすい状況を作ることができます。それは家庭も同じで、誰か一人の家族成員のために全員の不自由が増大するのは不適切です。子どもが学校に行っているか否かにかかわらず、そういう「家庭内の折り合い」はあって然るべきものと考えておきましょう。

「思い通りにならないこともある」というメッセージに違和感・不快感を覚える人もいるでしょう。ですが、これは「世の中の基本」であり「外界に対する適切な認識」だと思います。養老孟司先生は、私たちが生まれるずっと前から世界は存在していて、世界は「私たちに合わせて設計されていない」と述べています。予め存在した世界に「後から生まれ落ちた」わけですから、子どもたちがこの世界で生きていくのに必要なのは、この世界と折り合いをつけながら「うまく巻き込まれていくこと」と言えるでしょう。

こうした外界に関する考え方を言葉にして伝え続けることで、子どもの外界に対する認識を成熟させていくことが大切になるのです。

④急に変えないようにする

さて、ここまで読んで、もしかしたら「よし、明日から子どもを学校に向けて押してみよう」と思われた人もいるかもしれません。ちょっと待ってください。

最後の重要なポイントが「今の対応を急に変えないこと」になります。今まで登校刺激を与えていない状態なのに「明日から学校へ行こう」と伝えたり、家庭内で親が言われるがままだったのに急に「家族に合わせて」などと伝えれば、その対応の「落差」に過敏に反応してしまいます。子どもによっては、その「落差」によって混乱を示したり、暴力的になることもあり得るので、この辺は慎重に進める必要があります。

大切なのは、「今の対応から、この辺なら変えていけるかも」というポイントを見つけ、少しずつ試していくことです。家庭や子どもの状態像によって変えられるポイントは千差万別ですから定型的なことは言えませんが、「親としてはここを何とかしたい」という視点で探してみると定まりやすいかなと思います。

向き合わせることが効果的なのは期間限定である

さて、このような「ネガティブな自分に向き合わせる」というアプローチは、あらゆる場面で効果的というわけではありません。個人差があるので具体的な数字を言ってしまうのも心配ですが、経験的に一〇歳前後を境に「ネガティブな自分に向き合わせる」というアプローチがやりにくく、また、その効果が出にくくなっていきます。特に一五歳を超えて二〇代に近づくにつれて、向き合わせるアプローチができなくなったり、逆効果になる割合が高い気がしています。ここでは、その理由を述べていきましょう。

まず、「関係性の中で納めていく＝ごちゃごちゃする」という現象が、一〇歳を超えると生じにくくなってしまうことが挙げられます。子どもが幼いほど、親から叱られたとしても、叱った親とのあいだで嫌な気持ちをやり取りするしかありません。叱られて、泣いたり怒ったりしても、親に抱っこされて「しょうがないじゃないの」と言われながら、少しずつ気持ちを納めていくというのはよく見る光景のはずです。このように「世界からの押し返し」を行う人と、そのときの不穏感情を納める人が同一であることによって、子どもの内に「叱られたからといって、捨てられるわけではない」「叱られるのは、自分に対する攻撃ではない」「自分の良くないところとも、きちんと関わってもらえる」という実感を得やすくなります。ですが、だいたい一〇歳に近づくにつれて、親が叱ったら子どもはプイっと親から離れてしまいがちになります（経験的には八歳前後から離れていく傾向が見られます）。つまり、一〇歳前後を境にして「世界からの押し返し」を行う人と、そのときの不穏感情を納める人が同一人物になりにくいわけです。
　また、子どもは一〇歳頃を境に大人型の自我を手に入れます。言い換えれば、親とは別の人格を備えた「別の人間」に成るわけです。この「別の人格」としての価値観をぶつけてくるのが、いわゆる「反抗期」と称されている時期であり、それまでの「精神的には一心同体」であった親子関係から、別の人間同士という関係性に発展するのです。これは子どもの成熟という点では歓迎すべきことですが、親とは別の人格を備えた「別の人間」になったが故に価値観や考え方が固まり、親が関わっても変化しづらくなるのです。極端な場合は、耳が痛いことを言われたら、親であっても「外界」と見なされて切り捨てることさえあり得るのです。子どもの成熟が改善を阻むという皮肉ですね。

　これらが、一〇歳前後が一つの基準となる主な理由ですが、一〇代後半の事例も多く存在するわけですから、そうした年齢層へのアプローチも述べていくことにしましょう。ですが、その前に次節では「親子関係をもとにしたアプローチ」をもう少し細やかに述べていこうと思います。

2　親子関係をもとにしたアプローチ

親子関係から始めねばならないが、母屋を壊してはならない

子どもの「ネガティブな側面」に向き合わせようとする場合、その際の不穏感情を関係性の中で納めていくことが前提となります。そして、関係性の中で納めていくのは、たいていの場合は親になります。親以外の人、例えば、教師などが子どもの「ネガティブな側面」に向き合わせようとしたとしても、子どもは不穏感情を示すよりも先に、不穏感情を招くような場から離れていくことの方が多くなります。「こんなところには居たくない！」とその場を回避してしまい、子どもの不穏感情を関係性の中で納めていくという状況は生じにくいのです。ですから、学校などの子どもにとっての「外の世界」だけが対応してもうまくいくことは少なく、「切っても切れない関係」である家庭と協力しつつ支援していくことが重要です。

しかし、子どもの不穏感情を「関係性の中で納めていく」ことを親が中心になって行う場合、親には非常に大きな負担がかかります。子どもが「ネガティブな側面」に向き

合ったときの反応は多様ですが、ただ泣いている子どものそばにいるという大人しいものではないことがほとんどです。怒りをぶつける、暴れる、逃げる、閉じこもるなど、幼いが故に非常に手がかかる言動が生じるものです。

支援においては、こうした親の窮状をどう支えていくかも大切になります。支えの一つとして、親が納得できる形で子どもの不適応のしくみを説明し、親が「こういう関わりをすることで、子どもは改善していくんだ」という認識をもって対応していけるようにすることが挙げられます。こうした認識があることで、子どもの不穏感情に親が向き合いやすくなります。

また、家庭環境を考慮することも重要です。例えば、母親がワンオペ育児になっていて、子どもの不穏感情に向き合うほどの精神的余裕がない場合もあります。子どもの不穏感情に向き合うことが大切であることは間違いありませんが、支援の母屋である親に負担が行き過ぎてしまってもいけません。親の精神的余裕を見誤ると、「もう子どもの好きにさせます」などのように、子どもと関わることへの諦観が生じてしまったり、親が抑うつ的になっていくこともあり得ます。親の葛藤耐性や子どもの反応の大きさ、家庭環境といったさまざまな要因を精査し、どこまで「ネガティブな側面と向き合わせる」という対応が可能かを支援者は考えることになります。

子どもの状態像に対する親の価値観を確かめる

不登校に対して、「再登校を目指す」のはよくある方針の一つではありますが、現代は多様性の時代でもあります。子どもの不登校という状況に対しても、「うちの子は今のままで良い」「この子に合う学校があると思うので、無理に今の学校に行こうと思っていません」と話す親がここ数年で本当に増えたと感じます。実際に、フリースクールの増加、学びの多様化学校の設置、メタバースの推進など、従来の学校とは異なる学びを提供する場も増えてきています。闇雲に「現在の在籍校への復帰を目指す」ばかりが、不登校支援の方針になり得ない世の中になっているのです。

学校に行くことに意味を感じていない、合う学校に行けば良いという考えがある親に対して、前項のような「ネガティブな自分に向き合わせる」という方針はなじみません。支援に入るにあたっては、こうした「親の価値観」に基づいて「そもそも不登校状態からの脱却を目指すか否か」から足並みをそろえていくことが重要になりました。ここがズレていると、「学校に行かせようとしていない親×学校に行かせようとするカウンセラー」などのような良くない構図が生まれやすいので注意が必要です。

ただ、在籍校への復帰を積極的に考えていないように見える親であっても、内実としては、子どもの不登校状態に向き合うことがつらい、自分の育て方について言及されるのが不安、子どもの苦しむ姿を見たくない、といった場合もあります。このような親が「問題に触れられない事情」を抱えているならば、ここにどうアプローチし、親の「内なる意欲」を引き出していくかが重要になります。

親が子どもの心理的課題を「正しく認識する」ことの価値

先ほど、親が納得できる形で子どもの不適応のしくみを説明することで、親が安定感をもって対応できると述べました。私自身も親との面接で「子どもの不適応のしくみ」を説明することが多いのですが、この点についてもう少し詳しく述べておきましょう。

親に子どもの不適応およびその背景にある心理的課題を「正しく認識してもらう」よ

うにするわけですが、この「正しい認識」があることで、日常的な子どもへの関わりに変化が出やすくなります。

例えば、子どもが「ネガティブな自分」に向き合った結果、自分の否定的な側面に関する悲しみやつらさを表現することがあります。こうした表現は、「ネガティブな自分」に向き合ったからこそ生じるものですし、自身の否定的側面を認識できているという点で、子どもの適切で自然な反応と言えます。この悲しみやつらさに対して、「そういう否定的な側面をもつあなたでも大切だ」という姿勢で関わることが求められます。ですが、子どもの状態像に対する正しい認識がないために、子どもの悲しみやつらさに対して、「気にしなくて大丈夫だよ」「そんなことないよ」「頑張ればできるよ」などと励ましてしまっている例が非常に多いのです。こうした励ましは一見適切なように感じるかもしれませんが、「子どもにネガティブな側面が存在すること」を無自覚のうちに否定してしまっているのです。大切なのは「子どもにネガティブな側面があることを認める」ということですから、伝え方としては「たとえあなたがダメであっても大丈夫なんだよ」という形になります。これは、子どもにネガティブな面があることを認めつつも、そんなあなたが大切だという二つのメッセージを同時に送っているのです。

カウンセリングの時間というのは、一般的には週に一回〜月に一回の一時間程度とされています。「たまにやっている一時間の面接では何も変わらない」という批判を耳にしますが、本来のカウンセリングは、面接の一時間が「次にカウンセリングに来るまでの間、ずっと影響し続ける」ように行われるものです。カウンセリングで、子どもの不適応や心理的課題のしくみを正しく認識することを通して、日常的に行われる親子のやり取りをより効果的に改善を促す方向にそろえていくことがしやすくなるのです。

支えとしての「甘え」

ただ、親子の時間というのは、そうした「向き合う時間」ばかりではありません。四六時中、子どもに「ネガティブな自分」と向き合わせるなど論外で、むしろそれ以外の時間をどのように過ごすかが重要です。日常的な関わりの中で子どもが支えられているからこそ、子どもが「ネガティブな自分」と向き合うことが可能になるのです。

子どもとの関わりで重要になるのは「甘え」への対応です。

一歳未満の子どもには、母親などの重要な他者をはじめとした外界と自らの間に明確な境界線は存在しません。自他の区別があいまいな状態ということですが、一歳を過ぎる頃になると、自他の区別ができる状態まで発達してきます。すると、これまで自分と一心同体だと思っていた重要な他者（主に母親）が、実は自分とは異なる人間であるという事実に直面することになるわけです。これは子どもにとって一大事であり、このときに生じるのが「甘え」の感情やそれに基づく行動になります。母親にくっついて離れなかったり、目の前から消えると火が点《つ》いたように泣くなど、困った状態をたくさん示し、たくさん親に手間や時間をかけさせることになります。このときに子どもの「甘え」に応え、関わり続けることは、親にとって大変なことではありますが、この時の「蓄積」こそ、子どもが不適応状態になったときに子どもを支える体験群となり得るのです。

心理的問題が生じた際、多くの子どもに「子ども返り」が見られ、甘えが強く出現します。乳幼児期の「甘え」体験から、誰かに支えられること、迷惑をかけること、未熟な自分であっても受け容れられることなどの前言語的な体験が積み重なっていて、それを「復習」することで元気を出そうというメカニズムです。ちなみに、愛着障害と呼ばれる状態像では、乳幼児期に良い「甘えの体験」が少ないために、子ども返りが起こっても元気が出るという形になりにくく改善しづらいのです。

子どもが不適応に陥ったときに「甘え」が生じるのはごく自然であり、「甘え」にどう関わるかは子どもの改善を左右します。「甘え」との関わりについて、親に行ういくつかの助言やカウンセラーとして気をつけているポイントを紹介しておきましょう。

①　甘えに気づく

意外と多いのが「子どもは甘えてきているのに、そのことに親が気づいていない」というパターンです。甘えることを良くないと思っている子どもほど、甘えの表現は婉《えん》曲《きょく》なものになっていることが多いです。自分が受け容れてもらえないのではないかという不安を抱えている子どもほど、例えば、何かの薬を塗ってほしいと持ってくるなど遠回しなやり方で甘えの欲求を示しがちです。親は、婉曲な甘えの表現があることを知り、甘えに気づくことが重要なわけです。甘え理論に詳しい専門家の助言があると甘えをキャッチする力が上がるのでオススメです。

② 甘えの味を知っているからこそ

子どもの甘えについて考えるときに大切なのは、「甘えを受けとめる必要がある＝これまでの甘えさせ方が足りなかった」ではないという事実を強く認識することです。親としての精神性が高い人ほど「愛情が足りなかったから」という思いが生じがちですが、むしろ、「甘えの味を知っているからこそ、ピンチの時に甘えを求めることができる」と捉えることが大切です。

③ 子どもは親の「甘えの線引き」を察知する

小学校高学年あたりになると、「子どもが甘えてきたとしてもこのくらいだろう」というイメージを親は自然と持ちます。このイメージは、それまでの子どもとの関わり、一般的な子ども像、親自身の子ども時代の経験などが折り重なって形成されているものです。こうした親の持つ甘えのイメージが、子どもの甘えを押し留めている可能性があるのです。つまり、子どもが親の「甘えてきたとしてもこのくらいだろう」という線引きを読み取って、その範囲内で甘えを無意識にセーブしているということがあるのです。

こうした現象への対応は簡単です。親に「子どもはもっと甘えてくるものだ」「自分が思っているよりも、もっと甘えたいのかもしれない」などの認識を持ちながら生活してもらうことで、子どもが徐々に近づいてくるようになることが多いです。親の認識が変わったことを子どもが読み取り、甘え行動の程度も変わってくるということですね。

④　甘えを引き出す

親から時々出てくる質問として「こちらから関わりにいってもいいんですか？」というものがあります。これについては、可能な限り、子どもから甘えてくるような形になる方が望ましいと言えます。親の方から甘えに行くということが子どもの「甘え」を引き出すきっかけになることもあるのですが、子どもが親を「甘えさせてあげている」という状況にもなりやすいので注意が必要です。

子どもの側から甘えが表出されやすくなるための助言として、私がよく伝えるのが

「ぼーっとテレビを観る時間を作ってください」というものです。子どもは親がぼーっとテレビを観ていると、近くに寄ってきて座ったり、くっついてくることが多いものです。これはスマホではダメなようです。スマホだと「一対一」という雰囲気が強いこと、子どもと一緒の方向を見るという形になりにくいなどのためか、テレビを観ている時ほど気軽に子どもは近づいてこないようです。

⑤　親が無理をしては元も子もない

甘えを受け容れていくことは、子どもにとってプラスになることが多いのですが、だからと言って親が無理をし続けるのもダメです。無理に甘えを受け容れたとしても、どこかでその関係は破綻することが多いものです。支援者は、親の事情を理解し、その親ができる範囲での関わりをオーダーメイドで設えていくことが役割になります。その際のポイントは、「元々、その親が行っている子どもへの関わり」の中から使えそうなものをピックアップし、拡大していくということです。新しいものを入れるのではなく、元々備わっているパターンを活用する方が、親と子どものいずれにとっても負担が少なく、益が大きいことが多いのです。

「甘え」と「甘えではないもの」の弁別が絶対に必要

「甘えを受け容れること」が大きな心理的支えになることは間違いないものの、「甘え」と「甘えでないもの」の弁別が可能であることがものすごく大切になります。受け容れて良いものと受け容れてはダメなものの弁別ができないと、「甘えの受け容れを促す」というアプローチはむしろ非常に危険であると理解しておくことが重要です。

先ほど「甘え」の心理について述べましたが、これを少し難しい言葉で定義すれば「人間存在に本来つきものの分離の事実を否定し、分離の痛みを止揚しようとすること」になります。母子関係に置き換えると、母子であろうとも別の存在であることは避けられません。甘えとは、その「別の存在である」という現実に初めて直面した子どもに生じるものであり、甘えを通して「大切な人間と自分は別の存在である」という痛みを何とか押し留めつつ、関わりを通して「別の存在である」という現実を受け容れていくわけです。

「甘え」と「甘えでないもの」を見極めるポイントは、この「大切な人間と自分は別の存在である」という認識の程度になります。

積極的に引き出すことが推奨されるような、受け容れて問題のない「健康な甘え」の表現では、「目の前の人間は自分とは異なる存在である」という事実を、こころのどこかで受け容れています。それに対して、きちんと線引きが必要で、時には押し返すことが必要な「甘えでないもの」では、「目の前の人間は自分とは異なる存在である」という現実を、こころの奥底では受け容れられていないという状態が濃くなっています。自分と相手との境界線があいまいなため、親を自分の手足のように扱う発言が見られたり、自分の一部としてあごで使って命令してくることなどが見られます。このような「甘えでないもの」を向けられた人は、相手の一部として扱われるわけですから自身の主体性が奪われたような感覚に陥りますし、これが見極めのポイントでもあります。

「甘えを受け容れてください」という助言だけでは、こうした「受け容れてはいけないもの」まで受け容れねばならないという認識を親に与えてしまいます。過去に起こった子どもからの苛烈な家庭内暴力の被害者である親による「子殺し」事件のいくつかでは、専門家による「子どものすべてを受容して」という間違った方針の提示が最悪の事態を招く遠因となった事実を支援者は肝に銘じておかねばなりません。受容してはいけないものを受容することで、子どもが「自分の思いに沿わないすべての外界」に対して不満を抱くようになり、暴力性が促進された結果であると考えられるためです。

支援の上で、こうした「受け容れてはいけないもの」が生じていると見立てられたならば、親子の関わりの中で「要求を受け容れすぎてはいないか」を考えていくことが求められます。現時点で「受け容れてしまっている」という場合は、急に対応を変えてしまうのではなく、親が無理なく「押し返せるポイント」を探すことが重要です。例えば、子どもから「コップ取ってこい」と命令され、すぐに取りに行っていたという場合、現状では取りに行くことは仕方がないにしても「しょうがないなぁ」と言いながら行うなどが「小さな押し返し」を作ることになります。急に対応を変えることの「落差」によって、子どもの反応が苛烈になるリスクがありますから、「小さな押し返し」から始めていくことが重要です。

支えとしての「安全な対話」

ただ、子どもの年齢が上がるにつれて、甘えの表現は少なくなってきます。また、甘えの表現があるにしても、子どもの年齢が上がるにつれて親の方が受け容れにくくなることも考えられます。一方で、年齢が上がるにつれて子どもの言語能力が発達し、言葉を介したやり取りが増えてくることになります。ここでは、子どもを支えるために重要な「安全な対話」について説明します。

子どもが不登校などの不適応状態を示すとき、どういう対話をすればいいのか悩む親は少なくありません。「ネガティブな側面と向き合わせる」ために多少は学校の話題を出すこともあり得ますが、学校の話題ばかりは子どもだともちろん、親も気が休まりません（そもそも、子どもはそんな話題に付き合うことはない）。

こうした親に対して行うのが「安全な対話」の推奨です。「安全な対話」とは、①子どもから何か話しかけてくる、②その話題に対して親が何かを返す、③返された言葉を受けて、子どもが更に話したくなる、④この①〜③を繰り返す、というものを指します。簡単なように見えて、意外と難しいようで、例えば、学校に行っていない子どもが「最近、運動不足だなぁ」と話したときに、どうしても「じゃあ、学校へ行ったら?」「体育だけでも出てきたら?」と返したくなるのが親の思いかもしれませんが、それでは「③返された言葉を受けて、子どもが更に話したくなる」ということにはなりませんね。親の思いで話すこともあって良いのですが、子どもがより話したくなるような関わりを心掛けることで、親子の対話がより安全なものになり、それが子どもの改善を支える素地になるということも理解しておくことが求められます。

子どもに「ネガティブな側面」と向き合わせるような「強いアプローチ」が可能になるのは、本節で述べたような「支えのアプローチ」があってこそです。これらはどちらが欠けてもいけない車の両輪のようなものとして考えておくことが大切になります。

3　本人との「付き合い方」

カウンセリングに来ることの意義

本節では、本書で挙げている心理的課題を備えた子どもたちとの「付き合い方」について述べていきます。本書で指摘した特徴をもつ子どもたちの多くは、カウンセリングという状況を回避しようとします。カウンセリングという場自体が、どうしても「自分に悩みや問題がある」「悩みや問題を話す場である」というイメージがあります（それはある程度正しい）。ですが、彼らは、自らに問題や悩みがあると認めること、問題や悩みを誰かの前で明らかにすること自体に大きな苦痛や恥を感じるのでカウンセリング状況を忌避するのです。

ですから、周囲がカウンセリングを勧めて了承したとしても、当日には（体調不良や単なる拒否など、理由はさまざまですが）来ないという場合も多いです。また、子どもの特徴によっては「カウンセリングなんて意味ないから嫌だ」という返答もありますが、そうやってカウンセリングを価値下げすることで自身の脆弱性が詳《つまび》らかになる状況を回避しているのです。

ただ、彼らがカウンセリングを拒否するからと言って、カウンセリングに価値がないこととイコールではありません。彼らがカウンセリングに来ることの意義を挙げていくと、まずは「間接的に悩みや問題と向き合う」ということがあります。

「悩みや問題をやり取りする場であるカウンセリング」に来ているというだけでも、実際に悩みや問題について語っていなかったとしても、「間接的に悩みや問題に向き合っている」ということになるのです。カウンセリングをする側も、勧める側も、「何を語るか」だけでなく、「カウンセリングの場にいること」自体に価値があると思っておくと良いでしょう。

これは親面接でも同じことが言えます。親がカウンセリングに来続けていること、そして、その事実を子どもが知っていることも、子どもが「間接的に向き合うこと」になるようです。よく親から「自分がカウンセリングに来ていることを、子どもに伝えても良いのでしょうか？」と尋ねられます。こちらの質問への答えは「あなたのことが心配だし、お母さん（お父さん）も聞きたいことや考えたいことがあるから、カウンセリングを受けに行っている、と伝えましょう」となります。親が自分のことを心配しておりサポートしたいと思っていること自体は、子どもに知られたとしても大きな問題が生じないのが普通です。ごく稀《まれ》に、「親がカウンセラーに自分の文句を言っている」とカウンセリングに行くのを止める子どももいますが、これはカウンセリングに行くことが問題ではなく、子どもの状態像や親子関係の課題が大きいことを示しています。
そして、親がカウンセリングを受けているという事実は、親自身にそのつもりがなくても、本人に対して間接的に「今のままでは心配だ」というメッセージを送ることになります。こうしたメッセージが子どもに内在化することで、子ども自身が自らの現状に対して葛藤を抱くきっかけになり得るのです。もちろん、「今のままでは心配だ」というメッセージが子どもを否定する形になってはいけないので、普段からの関わりがしっかり保たれていることが重要になります。

ここまでは子どもがカウンセリングに「来ること」の意義でしたが、子どもがカウンセリングを「受けること」の意義としては、カウンセラーと「ネガティブなことをやり取りできる関係性を構築すること」が挙げられます。彼らと「ちょっと耳が痛いことを言われたくらいでは崩れない関係性」を築くことができれば、その関係性を基盤にして、外界とのうまくいかなさとそれに伴う不穏感情、性格的な特徴、脆弱性や未熟さなどについてやり取りすることがしやすくなります。彼らが自らの問題や悩みに真っすぐに向き合っているのであれば、カウンセラーの共感という情緒的な支えが彼らの力になるでしょう。

ただ、「ちょっと耳が痛いことを言われたくらいでは崩れない関係性」を築くこと自体が、実はかなり難しいことであると言わざるを得ません。ですが、大切なことであるのは間違いないので、次項では彼らと付き合っていくときのポイントを挙げていきます。

カウンセリングでの本人との「付き合い方」

ここで述べることは、印象も含めた暫定的素描の域を出ませんが、年齢や状態を問わず大切だと思える関わり、実践の中で彼らと関わっていて「そう悪くはないだろう」と感じるものを中心に挙げていきます。

彼らと関わるとき、特にその初期には「あえて触れない時期」が必要です。彼らは自身の問題や脆弱さを話題にすること自体に大きな負担を覚えます。ですから、多少は「あえて触れない」という期間が必要で、時には「あなたとは、もっと別の話がしたいな」と明示することで安心感を与えることも選択肢の一つです。ですが、その場合でも、「あなたはここに来ること自体に意味があると思うよ」と伝えたり、ちょっとした雑談の中に彼らの心理的課題と関連のあるテーマを挟み込む工夫をしておくことが求められます。例えば、カウンセラーが自らの失敗談と、それに対する考え方（人間というのは失敗しながら学ぶものだよ、こんな失敗していても誰も離れていかないし、生きていくこともできる等）を雑談の中に盛り込んでいくわけです。ただ一つ、間違えてはいけないことがあります。「あえて触れない」ことと「触れる覚悟がない」ことには、天と地ほど違いがあるということです。他者の心理的課題に触れることは、触れる側にも心理的負担をもたらします。ですが、この心理的負担を回避する言い訳として「私はあえて触れていないんだ」と語るのはいただけません。カウンセラーが自分の弱さを相手に転嫁するなどあってはならないことです。

また、周囲に対する不満や不遜な態度が中核になっている事例では、その子どもの語り口は「対話している」というよりも「一方的に聞かせている」という形になることも多くなります。彼らとのカウンセリングでは退屈さを禁じ得ないこともありますが、こうした彼らの言動にしばらく耳を傾ける時期は必要です。初期段階から彼らの言動の未熟さや精神的脆弱さを話題にしては、「ちょっと耳が痛いことを言われたくらいでは崩れない関係性」に辿《たど》り着くことは困難です。まずは、彼らの世界観を理解しようと努め、見え隠れする彼らの心理的課題に対する疑問を心の内で反芻《はんすう》しておくくらいが良いでしょう。

話題としては、彼らが得意としていること、興味をもてることを中心にしていくことも大切です。不得意なこと、苦手なこと、できない可能性のあることから遠ざかる傾向があるので、必然的に自尊心が傷つかない事柄の周辺での活動に限定されていることが多くなりますが、そのぶん、得意なことや興味が持てることについてはかなり詳しく把握しています。彼らが積極的に取り組んでいることに興味を向け、質問し、彼らに教えてもらうことで「こちらの世界が広がった」という体験を伝えていくことが大切です。「自分のおかげで目の前の人の世界が豊かになった」という体験は、その人の自尊心を高めてくれます。この自尊心の高まりを通して、彼らが「今、やっていることから社会とのつながりが回復・拡大する」という形になれば理想的です。

時には、カウンセラー側も興味のあることを伝え、共通点について話し合うこともあって良いでしょう。カウンセラー教育の中で「個人的なことは言わない」ということを教えられている人も多いようですが、個人としての興味関心を表明するくらいは大丈夫です。彼らから見て「カウンセラーの人となり」が感じられることも大切です。あまりにカウンセラーが「正体不明」だと、「こころの奥底に自信の無さ」を抱えている彼らは「本当はどう思っているのか」「否定的に考えているのではないか」といった疑念が湧きやすくなり、距離が遠ざかることもあり得ます。

その他にも「数字を排した関わりをする」ということが大切です。第2章では、彼らが「万能的な自己イメージ」を備えるに至った理由として、社会的な価値観から導かれた、数字で測ることができる、順位付けしやすい基準を取り入れている可能性を指摘しました。こうした「数字に基づいた自分」によって、彼らは苦しんでいると仮定し、「数字を排した関わり」を行っていくわけです。例えば、眠れている「時間」や食事の

「有無・量」を問うのではなく、「気持ちよく眠れている？」「お母さん（お父さん）が作ったご飯は美味しい？」などのように、主観的・感覚的な測定（気持ちがいい、美味しいなど）に訴えるような聞き方をするようにします。少しでも、彼らが「数字に基づいた自分」から遠ざかることを願っての対応です。

また、支援者側も主観的な感覚を通した「ポジティブなフィードバック」を行うようにします。例えば、「あなたと話していると楽しい」「人が苦手？　不思議だね。私と話しているときには、全然苦手そうな感じがしないよ」「私の声が耳から入って脳に届くでしょ。そして脳から話す内容が降りてきて喋《しゃべ》るわけだけど、そのスピードが遅くないから、脳の状態は悪くないと思うよ」などのような感じです。彼らは数字にこだわっている一方で、内心では数字や利害関係抜きで自分のことを認めてくれる、ポジティブに見てくれる存在を求めています。ですから、カウンセラーとして感じた本人に対する率直でポジティブな印象を伝えるようにしています。

とはいえ、闇雲に褒めれば良いというものではなく、きちんと「カウンセラーとして、本当に認識した良いところ」を「それ以上でもそれ以下でもない形」で伝えることが重要です。過剰に一部分を膨らませて褒めるような形は、本人らの「万能的な自己イメージ」を引き出すリスクがあります。また、「その年齢段階ではできて当然のことを褒める」というのも考えものです。これは間接的に相手をバカにしていることになりかねません。「褒めることで相手の自尊心を傷つける」ということがあり得ることを知っておきましょう。これは認知症高齢者や、アルコール依存症者との関わりの中でも気をつけるべきことの一つです。

一般論を使うことも重要です。「こころの奥底に自信の無さ」を抱えている場合、どうしても「あなたの場合」のように本人を名指しするという行為によって不安や緊張が過剰に高まる傾向があります。自身の脆弱さを指でさされる感じがするのでしょう。だから、ぼんやりした言い方のほうが良いのです。例えば、「一般論で言えば、今の状況だと留年が近づいているということになるね」などのような感じでしょうか。カウンセラーとして「向き合わせる」という形からは一歩後退している、いかにも「弱腰な言い方だ」と支援者としての抵抗を覚えますが必要だと言い聞かせて実行しています。

こうした関わりを通して、彼らとの信頼関係を構築していくことが重要ですが、カウンセリングを続けていけば、多少耳が痛いことを言わねばならない状況も出てきます。ですが、真っすぐ直面化してもうまくいかないことが多いので、いくつか工夫が必要になります。

使いやすい工夫の一つが「びっくりする・不思議に思う」というものです。例えば、カウンセリングの中で彼らがあまりに未熟なことを述べた際に「えっ！　それってどういうこと？」などのように返すわけです。「こころの奥底に自信の無さ」を抱えている彼らは、こういうちょっとした「自分が変なことを言っているかも」というメッセージにも敏感に反応します。これを「それはおかしいよ」などのように真っすぐ返すと心理的衝撃が強すぎて良くない場合も多いのですが、「びっくりするという反応」で違和感を伝えるくらいがちょうどよい刺激強度であることが多いのです。

また、彼らが外界の枠組みに対して不満を述べたときには、「本当はあなたの思うように変えてあげたいけど、変えられないんだよね」というスタンスが役立ちます。彼らは「変えようがない現実」を前にすると、その現実を伝えてきた人が自分を阻んでいるとしばしば認識します。カウンセリングの場で「それは変えられないんだよね」とだけ伝えてしまうと、実際にカウンセラーがその出来事と関係がなくても、カウンセラーが自分の思いを邪魔しているかのように感じることが多いようです。ですから、「本当はあなたの思うように変えられたらいいけど」という枕詞《まくらことば》を付けておくことで、こうした不要な関係性の悪化を防ぐことができるというわけです。

その上で、「変えようがない現実」を伝えるわけですが、「みんながその現実の傘の下で生きている」というイメージが大切です。彼らは思い通りにならない現実に対して、「どうして自分だけ」という不満を抱きがちです。ある高校生は、特定の科目になると保健室で休みたがりましたが、養護教諭から「二コマ続けて休むなら早退しなさい」と言われ不満を募らせていました。この不満を語った彼に、カウンセリングでは「感染症が流行したこともあって、どこの学校もそういうルールでやっていることが多いね。不満だろうけど、一時間休んでも良くならないなら病院で診てもらわなきゃいけない病気の可能性もあるしなぁ」と伝えました。もちろん、この言葉で納得をしたわけではありませんが、少なくとも養護教諭が自分を狙い撃ちして意地悪をしているという認識にはならずに済んだように思います。

このように、彼らに「変えようがない現実」を伝達する際には、その「現実」の根拠となる理由を本人に説明できることが大切です。可能であれば、その背景にある「歴史的経緯」「価値観」「思想」なども併せて提示できると良いでしょう。提示する「現実」が曖昧なものだと、現実を突きつけてきた相手に怒りのベクトルが向いてしまい、「現実を受け容れる」ことを阻害してしまいます。この辺は、伝える立場の人間がしっかり勉強しておくことで解決可能なポイントですね。

こうした「付き合い方」の工夫を幾重にもめぐらせたやり取りを経て、カウンセラーが「一目置かれる」という形になれば儲《もう》けものです。彼らに対してマウントを取るなどはもっての外ですが、彼らから「下」に見られていては支援ができません。一目置かれて、多少、耳が痛いことでも「この人が言うのであれば」と受けとめるようになり、支援関係が継続するなら理想的です。

4　学校との関係がこじれやすい家庭への対応

どんな事例を想定しているのか？

ここからは番外編です。主に子どもの不適応を中心に述べてきましたが、親にも特徴があることが読み取れたと思います。本章の最後に、学校との関係が難しくなりがちな親の特徴や、学校としての対応について経験に基づいて挙げていきます。

ここまで、子どもの不適応の背景に、子どもの問題を認められなかったり、ネガティブな面を受け容れられなかったり、子どもの不穏感情に耐えられないという親のあり様が関係していることを指摘しました。このあり様は学校との関係にも影響してきます。

こうした傾向のある親に、子どもが起こしたトラブル（犯罪行為になるようなものも含む）を伝えたとしても正しく認識してもらえないことがあります。明らかに子どもがやっていることなのに「うちの子はやっていないと言っている。疑うんですか」と否認をしたり、いじめの加害者になったら「調査の時に子どもが怖い思いをした」などのように論点がずれていったり、「学校がちゃんと見ていないから起こった」と責任転嫁するなど、さまざまなパターンで「子どもの問題を認めない」というあり様は顕在化します。また、「子どもに問題があることを受け容れない」ので、学校側が家庭と連携して対応しようとしても、「学校がやることだ」と家庭内の対応を変えようという意識が低いことが多く、結果として子どもの問題が継続しがちです。

私は立場上、こうした学校――家庭間のトラブルに介入する機会が多く、残念なことですが、家庭とどう関わっていくかを学校側が理解しておく必要性を感じるようになりました（なので本節の想定読者は主に学校の先生です）。以下では、具体的な親の言動のパターンと、学校としての対応の仕方を述べていきます。特に、第三者が介入するほどに学校と家庭との関係がもつれてしまうような事例を想定して説明していきます。個人的なイメージですが、一つの市で二、三件はこうした事例を抱えているように感じていますす（これについては地域差が大きいかもしれません……）。冒頭で「番外編」と述べたように、あくまでも限定的な事例への対応について述べていると認識して読み進めてください。

学校とのやり取りで見える特徴的なパターン

知っておくべきトラブルになりやすい親の行動パターンの一つが「無力感や罪悪感を引き出してくる」というものです。例えば、「こんなこともできないんですね」「その程度ですか」「子どもが傷つきますね」のような言葉を向けてきたり、ひどい場合には子どもを学校に行かせないことで、相手に罪悪感や無力感を覚えさせるという具合です（第2章で紹介したパターンですね）。こうしたパターンを通して、「要求を通そう」「状況を変えさせる」などの意図を感じることが多いのですが、応じられないものには応じられません。無力感や罪悪感を引き出されると非常に大きな心理的負担になりますので、事前に親の特徴を見立てられるなら、「罪悪感や無力感を引き出してくるだろう」という予測を立てておくことが重要でしょう。絶対にやってはならないのが、「罪悪感や無力感を引き出そうとしてくる」というパターンに引きずられて、「無い袖を振る」という悪手を打ち、更なる問題の拡大を招くことです。

また、「不穏な状況を変えようという働きかけ」のパターンの中には、他機関連携を難しくさせるものがあります。例えば、親が学校以外の機関で、子どもの問題を詳しく言わずに、学校の対応の不満を述べるとします。その機関は「親の陳述に基づいて」学校の対応の懸念を述べることになります。そうすると、その親は「○○でも相談しましたけど、学校の対応が悪いと言っていましたよ」などと、他機関の言葉を使って学校を責め立て、対応を変えさせようとしてきます。こうしたパターンに巻き込まれると、他機関への不信が高まりやすくなり、連携が困難になってしまいます。重要なのは、学校以外の機関が「子どもの情報と学校の対応」について、親の陳述と現実とが異なる可能性も考慮し、学校と連携を取って多面的に情報収集することです。また、普段から学校と他機関の連携を密にしておき、互いの信頼関係を深めておくことも大切になります。

意外に思われるかもしれませんが、このようなパターンを示す親であっても、スクールカウンセラーと話していると、冷静に現実的な話ができます。時には規範的な親の姿に映ることもあるくらいです。ただ、スクールカウンセラーがこのことを以て「やはり学校の対応が悪いから親が怒るんだな」と安易に解釈するのは避けるべきです。子どもの問題と向き合う苦しさから状況を変えようとしてきますが、その働きかけは「状況を変える力のある体制側」に向けられるものです。言い換えれば、状況を変える力の無い

「非体制側」と関わるときには、怒りや不満が前面に出ることなくそれなりに理性的に振る舞えるというわけです。スクールカウンセラーには、こうした親の言動の違いを、自らの関わりの技術や学校の対応の不備に帰属させない慎重さが求められます。

なお、こうした親の要求を聞いている中で、学校が受け入れたことを「書面にして示せ」というパターンも多く見られます。書面を出すことに関しては、学校と教育委員会との話し合いもあるでしょうが、出すとしてもあくまでも「その時点での合意内容」ということを強調しておくことが重要です。なぜなら、子どもの状態は日々変わり得るものであり、昨日まで適切だった対応が、次の日には不適切になるということもザラだからです。

学校での対応

では、こうしたパターンを示す親に学校としてどう関わっていくのかを挙げていきます。学校として目指すべきなのは、親が子どもの問題を認め、家庭と学校が互いに適切な対応を取ることで、子どもが問題行動を示さないようになり、社会的な成長を遂げていくことです。そのためには「子どもの問題＝現実」を学校と家庭で適切に共有することが必要になってきます。

もしかしたら「そこまで突き詰めなくても、子どもは成長するよ」と考える人もいるかもしれませんが、私はそうは思っていません。なぜなら、「子どもの問題を認めない」という親のあり様は、子どもが「自分の問題を認めない」という姿と連なっており、しかもそのマインドはかなりの年数持続することを確信しているからです。ですから、以下に述べる四つの学校の対応は、単に「目の前の子ども」だけを見ているのではなく、その子どもが中学生や高校生になったときのこと、社会に出て困難を前にしたときのこと、将来子どもを育てるときのことを考えています。さらに言えば、彼らの子どもが私たち支援者の前に現れなければならないような状況になる可能性を減らすためにしているのだと考えておいてください。

①社会的に適切な対応を堅持する

ほとんどが良い対応であったとしても、学校が「社会的に不適切な対応」を一つしてしまうと、その対応によって問題が起こったという認識を向けられてしまいます。事例によっては、その不適切な対応一つで裁判に至るようなケースにもなり得ます。ですから、可能な限り「社会的に適切な対応」を堅持することが重要になってきます。「学校が適切な対応をしているにもかかわらず、子どもの問題は維持されている」という状況を作り、どういった対応が適切かを現実的に話し合いやすい土壌形成を目指すのです。

なお、「親が望む対応」「子どもが望む対応」ではなく「社会的に適切な対応」であることがポイントです。例えば、問題を起こした子どもが「親には言わないで」と懇願したからといって、学校が言わないでいたら、更なる問題が起こった場合に「なぜ伝えてくれなかったのか」と責められるでしょう。これは親の言い分にも一理あります。ですから、子どもが「親には言わないで」と懇願したとしても、「あなたがしたことの重さを考えて、学校が親に伝えるか判断する」というのが正しい姿勢なのです。子どもが「言わないで」と懇願したにもかかわらず親に伝えたことで、「子どもとの信頼関係が損なわれる」と（なぜか）親が不満を言ってくることはありますが、これは大きな間違いです。親も含めた大人が「学校のルール」を大切に思っていること、それを守ろうとしていること、そして、学校側が子どもたちを守るためにそうしたルールに基づいて毅然《きぜん》と対応していることこそが、子どもからの信頼を得るために最も重要な事項になります。

②学校の枠組みを明確に示す

学校が毅然とした態度で「学校の枠組み」を示すことも大切なアプローチの一つです。これは、第4章で述べた「向き合わせる」というやり方と本質的には同じです。動かしようのない枠組みを示すことで、きちんと「子どもの現実」に向き合ってもらおうとしているわけです。

「学校の枠組みを明確に示す」とは、単純に言えば、「学校ができることとできないこと」をしっかり理解し、できることの範囲でやり取りするということです。当たり前のように聞こえるかもしれませんが、学校という組織ではこれが意外と難しいのです。従来の学校の対応では、親のやや無理のある要求に対しても応えてきたという歴史があります。また、大変だけど要求に応えていけば、親も学校の頑張りを認めて手を取り合えるという結果も多かったのです。ですから、学校側から限界を示すことに抵抗感のある教師は少なからずいますし、実際に「学校から「これはできない」と伝えるのは難しい」と話される教師にも何度も出会っています。

ですが、私が経験した大きなトラブルになった事例では、かなりの割合で、学校が親からの要求に対して「無い袖を振っている」ということが見受けられるのです。どう考えても無理な要求に対して応えようとするあまり、現場で子どもと接する教師に過度な負担が生じ、それによって子どもへの不適切な関わりが起こり、親の不満が増大するという負のスパイラルを生むのは得策ではありません。

令和五年二月七日に文部科学省から「いじめ問題への的確な対応に向けた警察との連携等の徹底について」という通知が出されました。犯罪行為として取り扱われるべきいじめなどは、学校だけでは対応しきれない場合もあり、生徒指導の範囲での対応に留《とど》めず、直ちに警察に相談・通報を行い、適切な援助を求めることを推進するものです。この通知はいじめに焦点を当てたものではありますが、問題が深刻な家庭の場合、子どもが社会的な視点から見れば犯罪行為となるような問題（学校の備品を壊す、児童生徒や教師への暴力、個人情報をSNSに流す等）を起こしていたとしても、親はそれを認めようとしないことがあり得ます。このような問題に対し、警察をはじめとした外部機関に援助を求めるというのは学校の枠組みと限界を提示し、親子共に「これは許容されることではない」という現実に向き合ってもらう良い機会となります。

③周囲の児童生徒へのアプローチ

残念なことではありますが、本節で挙げたような特徴を備えている親子の言動がそう簡単に変わることはありません。乱暴な言い方をすれば、問題行動を示している子どもやその親よりも、その周囲にいる児童生徒にアプローチしていく方が状況の変化が早い場合が多いです。具体的には、問題行動を起こしている子どもがいたときに、周囲の児童生徒が同調してしまったり、過度に反応してしまうことで、問題行動が拡大することが懸念されます。ひどい場合には、先に問題行動をしていたにもかかわらず、「あの子がうるさいから、うちの子も反応している」と同調した児童生徒の責任にしてしまうこともあるのです。ですから、周囲の児童生徒を守るという意味でも、そうした同調・反応を可能な限り減らすよう働きかけていくことが重要になります。

それは問題行動を示している子どもへの支援にもなります。教室で複数人が問題行動を示している状況になると、事実はどうあれ、学級運営上の問題と見なされる可能性が高くなりますし、親としても「先生に問題があるのではないか」と考えるのが自然です。ですから、「問題行動を起こしているのは、この子だけである」という状況を作り、それを以て親が「子どもの問題と向き合う」ことがしやすいようにしていくことが重要になるのです。

また、問題を起こしている子どもや、それに伴って学級が荒れることに辟易《へきえき》としている児童生徒をどうサポートするかも非常に重要なことです。こうした児童生徒の中には、荒れた学級にいることに心理的負担を感じて「学校に行きたくない」と漏らすこともあり、その傾向は「学校の枠組みできちんと動こう」という意識が強い児童生徒ほど顕著です。自分の内面とあまりに異なる現状に心理的負担を覚えるというのは、ごく自然なものですから何かしらの支援を行っていくことが大切です。

私がこういう児童生徒への言葉かけとして、教師に助言する内容としては、

・あなたの学校での過ごし方は間違っていないこと

・あなたが苦しい状況を作って申し訳ないと思っていること
・可能な範囲で学校のしている対応を伝えること（学校が何もしていないと思っていると児童生徒の苦しさは強くなるので）
・こうした内容を教師の心情と共に伝える

などとなります。児童生徒のあり様を認め、それに敬意を払うようなスタンスで接すると良いでしょう。これまで経験した中では、問題状況に辟易とした女子児童が多い学校において、校長室で「女子会」を開いて気持ちを共有したということもありました。この辺は、管理職、学校の規模や考え方、当該児童生徒の保護者との関係性などによって可能な範囲は変わるでしょうが、人を支える方法に定型はないという良い例だと思います。

④金太郎飴《あめ》を目指す

本項で紹介している家庭への対処では、校内での情報共有が欠かせません。親がある教師に聞いたら「A」と言ったけど、他の教師に聞いたら「B」と答えたという状況があってはならないのです。家庭との関わり、親との連絡の内容、子どもに対して行った指導内容などをきちんと記録し、それを関与する教師たちで共有しておくことが重要になります。いわゆる報・連・相をしっかりとしておくことで、「誰に聞いても同じような内容が返ってくる」という状態にしておくこと、言わば「金太郎飴」のようにどこを切っても同じ顔が出てくるという組織状態であることが大切です。

なぜなら、本項で紹介しているような事例の場合、かなりの割合で「言った言わない」のトラブルが生じることが多く、時には、親から学校に要求したことであるにもかかわらず、いつの間にか「学校が求めてきた」という形で親の頭の中で書き換えられていることもあるのです。こうした「事実と異なる認識」によって事態が進行していくのを防ぐため、きちんとした情報共有のシステムが学校に構築され、必要な状況でそれに基づいて回答することが求められます。その他にも、子どもへの指導の前にはその形態（人数や指導内容）が適切かどうか協議する、親と話すときには他の教師に同席してもらい記録を取るなどの細かい工夫も大切になってきます。

これらの対応は、子どもや家庭への支援というよりも、学校の「危機管理」のお話になります。「危機管理」が心理支援とは遠い話のように感じる人もいるかもしれませんが、このような「危機管理」をしっかりしておくことで、家庭が「現実を経験する」ことにつながりますし、学校組織が安定して対応することができるなどの利点がありますから、「危機管理」も広い意味で心理支援の一環と捉えることができます。

経過や予後について

このように学校の枠組みを明示しつつ対応していくと、親は「子どもの問題」に直面することになります。このときの親の反応として典型的なものがあるので、事例を通して紹介しておきましょう。

【事例2：現実を突きつけられ強く落ち込む母親】

小学校六年生の男子。明らかな犯罪行為をしていたが、親はその事実を認めず、確かな証拠を示しても取り合わず、「学校の対応が悪い」の一点張りであった。そこで管理職が「次に同じことをしたら、警察を呼びます」と親と子どもに毅然と伝えたところ、母親は急に落ち込むようになり、子どもに悲観的なことばかり言うようになった。

この事例では、それまで「子どもの問題」を受け容れず、学校をはじめとした「外」に排出するのが常だった親に対して、学校としての限界を示して警察という外部機関との連携の可能性を伝えたわけですね。そもそも親が「子どもの問題を認めない」のは、それを認めたときに生じる「こころの衝撃」が苦しいからであり、だからこそ「外」にその問題の在《あ》り処《か》を求めるわけです。このような対応によって、親は「こころの衝撃」を受けざるを得なくなります。そういう場合に生じやすい反応の一つが、親の大きな落ち込みになります。

こうした落ち込みの反応が出てくると、学校としての対応が悪かったのではないかと思いがちですが、一概にそうとは言えないと思います。元々、親の「こころの脆弱さ」が認められる場合もありますが、むしろ、かねてから「子どもの問題を認めない」というこころのパターンをもつことで、「こころの衝撃」に不慣れな状態になっている可能性が高いのです。ですが、本来ならばこの「こころの衝撃」は、親が受け取るべきものであると言えますし、こうした体験を経て親自身が子どもの現実に向き合っていけるよう成長していくことが求められます。学校として大切なのは、子どもの問題行動を適切に伝えていきつつも、こうした「こころの衝撃」を受けた親を支え、成長を促せるような関係性を維持するという二つの両立を目指すことです。オーソドックスな工夫としてあり得るのが、スクールカウンセラーなどの外部の専門家を入れ、親を支える役割を担ってもらうことですが、「問題を伝えていく役割」と「支える役割」は重なり合うのが自然ですから、可能であればいずれの役割も同一人物・同一機関で担えるのが理想です。

最後に、予後についても一言触れておきましょう。本項で述べたような、学校が枠組みを示しているかどうか、その枠組みの境目で学校と家庭とが「すり合わせ」や「折り合いをつける」という努力をしているか否か（実際にすり合わせができているか、折り合いがついているかではない）によって、かなり予後は分かれます。

このような努力をされてこなかった子どもの場合、残念ながら、その後の経過でも本質的には大きな変化が見られないことが多いです。例えば、小学校で起こった問題行動について枠組みを示さず中学校に進学した場合は、中学校でも同様の問題が示されることが多いように感じています。また、表向きの問題は納まっていても、内心は学校に適応することに不快感を覚えていることなども考えられます。

一方で、枠組みの提示や、枠組みの境目での「すり合わせ」などの努力を学校がしてきた場合、その場では子どもの問題行動に大きな変化はなくても、「そのままのあなたでは心配だよ」というメッセージを送ることができます。そしてこのメッセージが内在化していることにより、子どもが「新しい状況」に入ったときに変化への志向を生じやすくさせてくれるのだと考えられます。「今の状況」ではなく「次の状況」で改善しやすいというところが難しいところですが（だからこそ、小学校で荒れていた子どもが中学校で落ち着いたのであれば、小学校の先生たちが頑張ってくれたんだなぁと思っておくことが大切です）、そもそも教育はその瞬間だけで行うものではなく、つないでいきながら行われる営みです。「いま自分のしていることが、子どもの将来につながっている」と信じて、親子と向き合っていくことが大切になります。

コラム　You Message と I Message

子どもが良くないことをしたときや、失敗したときに、親や教師などの大人がどのような声かけをするのかは、その子がその良くないことや失敗の経験を受け止めて今後の糧とするうえで重要になってきます。ですが、その声かけの重要性を認識しないまま、あるいはその認識を越えて、つい突発的に、「どうしてそんなことしたの！」「○○してはダメでしょ！」と叱る（怒鳴る？）ことがあります。

これらの言葉は、You Message と呼ばれています。日本語（特に話し言葉）では、主語が省略されやすいため、あまり意識されませんが、「あなたはどうしてそんなことをしたの！」や「あなたは○○してはダメなんだ」のように、これらの言葉は主語が「あなた（You）」となるので、You Message と呼ばれます。この You Message は直接相手に自分の思いを伝える言葉としては非常に効果的なのですが、副作用があります。それは感情的になりやすく、結果として相手（子ども）を傷つけるとともに相手も感情的にさせてしまう点です。親子間だけでなく、友人間でも夫婦間でも、ケンカをしているときのやりとりをイメージしてみると、そこで用いられている言葉のほとんどがYou Messageになっていると思います（「お前はどうして○○なんだ」「あなただって××しているでしょ！」など）。You Messageは自分も相手も感情的にさせてしまうので、どんどんヒートアップしてしまい、収拾がつかなくなります。

子どもをほめるときにもYou Messageは使われます。テストが満点だったとき、「（あなたは）すごい！」とほめ、お手伝いをしたときは、「（あなたは）良い子だね」と言ったりします。幼い子どもであれば、「すごい」「良い子」と言われると喜びますが、中学生や高校生はそのように言われても素直に喜びません。むしろ、バカにされたり、子ども扱いされたように感じ、イラっとするのではないでしょうか。You Messageはほめるときであっても、相手を不快な思いにさせてしまう可能性があるのです。

You Messageが相手を感情的にさせたり、不快な思いにさせたりするのはなぜでしょうか。ひとつの理由として、物事の基準や評価の主体がYou Messageを発する側（大人）にあるからだと思います。子どもがしたいと思って行ったことを、大人が「○○してはダメ」と言います。この行動をしてよいかどうかの基準は大人にあり、子どもの意志よりも大人の基準の方が重視されていることになります。子どもが一〇〇点満点のテストで八〇点をとってきたとします。これを「どうしてこんなに間違えたんだ！」と責めるか、「すごいね」とほめるかは、大人がこの八〇点をどう評価するかによって変わります。子どもはあまり自信がなかったテストで八〇点もとれたと喜んでいるのに、大人（親）から「どうして二〇点分も間違えたんだ！」と言われると、がっかりするはずです。反対に、一〇〇点を目標にしていた場合に「八〇点なんてすごいね」と言われると、バカにされたように感じて、悔しい思いをすることでしょう。もちろん、子どもの基準と大人の基準が一致している場合には、You Messageでもそれほど問題はないのですが、実際の会話場面を思い返してみると、You Messageによって葛藤やケンカ、不快な感情が生じている方が多いように思います。

この問題を解決する方法として、You Messageの代わりにI Messageを使うことがあげられます。子どもが良くないことをしたときに、「私はそれをしてほしくないな」「そういうことをされると私はうれしくないな」のように、「私（I）」を主語にして相手に伝えることをI Messageと言います。子どもがテストで良い点をとってきたときには、「私もうれしい」と伝えてあげます。実際にI Messageを使おうとすると、普段あまり使い慣れていないので、少し堅苦しかったり、恥ずかしかったりします。でも、実際に使ってみると、You Messageの問題点が解消されているのがわかると思います。まず、使い慣れていない分、どのように伝えればよいのか考えなければなりませんので、感情的になることが少なくなります。また、「うれしくないな」と言うことで、口調も穏やかになります。それは結果として、相手（子ども）に不快な感情を生じさせることを予防することにもなります。また、「〇〇してほしくない」「うれしい」などの基準はそれを言った大人の側にありますが、I Messageの場合には、私はこう考える、私はこう感じるということを伝えているだけで、大人側の基準や評価を子どもに押し付けずに済みます。子ども自身はこう感じた、でも大人（親）はこう感じたという感じ方の違いを認識することはできても、それを押し付けられているわけではないので、大人（親）の言葉に反発する必要はないわけです。

そして、I Message のもうひとつの利点が、この認識や受け取り方の違いを明らかにできるということです。子どもにとって親とは小さなころからいてくれる自分の味方であり、その基準や物事に対する認識は同じものだと思いがちです。ですが、実際には親子であっても別々の人間であり、同じ物事であっても、その認識や受け取り方は異なる場合があります（先ほどの八〇点のテストの例のように）。You Message では、その認識や受け取り方の違いを大人の方が子どもに押し付けてくるので、冷静にその違いを受け止めることはできませんが、I Message では感情的にならずに、親は親、子は子の感じ方があることを受け止めることができます。この親子間での認識の違いを通して子どもは、自分と他人は別々であり、まったく同じ認識や考え方をする者はいないという自他の境界に気づくことができるようになっていくのです。

第3章のコラムでも書いたように、他人の言動を変えることは簡単ではありませんが、自分の言動を変えることは比較的簡単です。まずは、親子の会話で You Message を使っているところを、少しでも I Message に変えてみましょう。すぐに I Message の効果に気づくことができると思います。

第5章　予防のための落穂拾い

1　その他の不適応との関係

従来の不登校

当然のことですが、子どもたちが示す問題は、本書で紹介した不適応だけではありません。時には、他の不適応と絡み合いながら現れてきます。ここでは、他の不適応との類似点や識別について述べ、対応する上で気をつけることを挙げていきます。

まずは第1章で説明したような従来の不登校との違いをまとめておきましょう。

①　不適応になる時期の違い

従来の不登校では、自我が芽生え、自身の欲求が湧き出てくる一〇歳前後に不適応が生じることが多く、そこから中学生にかけて不登校になるピークが訪れます。

これに対し、本書で紹介した不適応を起因とする不登校では「自分がうまく適応できるかわからない状況」「自身の実力が明るみに出そうなとき」「不慣れでうまく対応できないかもしれない状況」などが起点となりやすいです。ですから、小学校入学直後など新たな枠組みに入るタイミング、勉強が難しくなる小学校三年生や四年生、中学校入学後のテストで実力が点数として明示される場面、高校入学直後などの学びのスタイルを変えねばならないとき、高校受験や大学受験など自分の実力と向き合う状況などで不適応が生じやすいと言えます。もちろん、「万能的な自己イメージ」が周囲との軋轢《あつれき》を生み、それが不適応につながるパターンも多いです。ですから、かなり幅広い年齢で不登校が生じてくると言え、どのタイミングになるかは子どもの能力と家庭での関わり、学校の対応、地域の雰囲気などによって左右されます。

② 学校に行けないことへの葛藤の強さの違い

従来の不登校では、社会・家庭・本人が「学校には行くもの」という認識を共有していましたから、学校に行けないという状況は本人に強い葛藤をもたらすものでした。

ですが、近年増加している不登校では、「学校に行けないことへの葛藤」が薄いのが特徴です。不登校に対する支援として、「登校を第一とせずにゆっくり休養を取る」という方針が世間に根付き、家庭や子どもたちにも「学校には行くもの」という意識が、かつてほどは高くないという事情が背景にあるのでしょう。また、苦手なものや状況からの回避が多い子どもや、それを容認する家庭の場合、本人が不快を示す「登校を目指す」という方針を掲げることがなく、当然、子ども本人に「学校に行けないことへの葛藤」が生じにくくなります（正確には、子どもの内面に葛藤はあるのだが表現される環境ではない）。なお、「こころの奥底にある自信の無さ」を覆い隠すために過剰適応になっている子どもの場合、学校に行けないことを悩んでいるように見えることもありますが、内心では「こんなに苦しいのに、どうして学校に行かねばならないのか」と不満を抱えていることが多く、この思いの存在は家庭の様子を細やかに聞いていくことで明らかになりやすいです。

③　対人関係の持ち方の違い

従来の不登校の子どもたちは、学校に行けなくなることで対人関係が途絶えがちです。彼らは「学校には行かねば」という思いが強く、それができていない自分に対して否定的な評価を下しており、周囲も自分に対して同じような評価をしていると感じていることが多いため、周囲から遠ざかる形になります。また、女子に多いのですが、「本当に信頼できる友達がいない」と語ることがあります。一見して良い関係を築いているように見えるにもかかわらず。それは彼女らが、自身の欲求を抑え、周囲に合わせた姿で対人関係を築いており、こころの奥では「本当の自分を出したら、友達は受け容れてくれないだろう」と感じ取っているためです。いずれにせよ、従来の不登校では、積極的に他者と関わるということは少なく、言い換えれば、対人関係が復活してきたら端的な改善と見て良いです。

本書で紹介した不適応に起因する不登校では、対人関係が遠ざかる場合とそうでない場合に分かれます。対人関係が遠ざかる場合は、従来の不登校のように単に「遠ざかる」というよりも、より明確な「拒否」を示すことが多いです。子どもによっては、周囲を見下す表現とともに「あんな奴らのいる場所に居たくない」と放言します。特に

「万能的な自己イメージ」が強い場合、周囲の接し方や評価に不満を覚えることが多くなるので、この手の「拒否」や「不満」が増えがちです。一方で、対人関係がそれほど影響を受けない場合もあります。その場合の対人関係は「類は友を呼ぶ」という表現がぴったりくるメンバーで占められることが多いです。「思い通りにならない状況」への感じ方が似ており、端的に「気が合う」のだと思います。それだけで済めば良いのですが、「思い通りにならない状況」への感じ方が似ている者同士を同じ空間で過ごさせておくことで、外界への不満が不適切に表出されやすいなどの問題が生じやすいことも知っておきましょう。なお、親との面接や学校での対応を通して子どもが心理的成長を遂げると、それまで仲良くしていた友達と疎遠になることもありますが、それは悪い変化ではないことが多いです。

対人関係と関連することですが、不登校状態の子どもが受験に際し、「知っている人がいない学校に行きたい」という希望を出すことがあります。これは新旧いずれの不登校の子どもにも生じることなのですが、その動機が異なります。不登校という体験を通して、自身の感情や社会との関わりをめぐる葛藤を体験し、心理的成長を遂げた子どもの場合、「知っている人がいない高校」でのリスタートが効果的なことも多いです。一方、自分が不登校になっているのは「環境に問題がある」と考えているために「知っている人がいない高校に行きたい」場合には、あまり良い結果にならないことが多いです。もちろん、だから行かせない方が良いという話ではなく、本人との面接や家庭内での過ごし方から、本人の心理状態を見極め、進学後に表に出てくるだろう心理的課題を予測しておくこと、それを進学先に伝えて支援がつながるようにしておくことが重要になるのです。

ゲームにのめり込む

「こころの奥底にある自信の無さ」を覆い隠すように「万能的な自己イメージ」が肥大していたり、「思い通りにならないのはおかしい」というマインドが幼少期から継続している子どもの場合、常に自身の理想と現実の差に苦しむことになります。この子どもたちはさまざまな反応を示すことになりますが、その一つとして、ゲームにのめり込むということが挙げられます。ゲームにのめり込むことで、苦しい現実から遠ざかったり目を逸《そ》らすという利点があるわけですが、より依存的になっていく子どもの場合、他にもゲームを通して得ているものがあります。それは、ゲーム内のキャラクターを自身と同一視することで、「万能的な自己イメージ」を満たすという状態です。高すぎる理想と現実との間で苦しんでいる子どもにとって、ゲームのキャラクターは「自分の理想とする姿」に近く（それが強さなのか、自由さなのか、自己効力感なのかはさまざまでしょうが）、それと自身を同一視することで一時的な安定を得ることができます。しかし、それは彼らが「現実の自分」を受け容れる機会を遠ざけ、結果として不適応状態が遷延することにつながります。依存状態にある子どもの場合、ゲーム内で負けたとき、「ゲームで負けた」という事実と比して過剰な怒り・落ち込みを見せますが、これは負けたのがゲームのキャラクターだからではなく「自分自身」だからだと考えておくと、その怒りや落ち込みも釣り合いが取れるように見えるのではないでしょうか。

少なくとも本書で述べている不適応のしくみによってゲームへののめり込みが生じている場合には、家庭でゲームに対して適切な制限をかけられるかどうかが重要になってきます。ゲームにのめり込むことが「万能的な自己イメージ」に固着して、「現実の自分」と向き合って受け容れていく流れを阻害しやすいため、物理的にゲームから遠ざけることには価値が高いということですね。

もちろん、私も「ゲームから物理的に遠ざける」のが困難であることはよく理解しています。「万能的な自己イメージ」によってゲームにのめり込んでいる子どもほど、傍若無人に振る舞ったり、家族との関係性が遠ざかっていることが多いです。なので、支援のポイントをゲームに限定せず、家庭内で子どもが「好き放題できてしまっている」という状況に目を向け、その中から少しでも押し返せるポイントを探したり、親子のコミュニケーションを復活させることから支援を開始していくようにしています。

発達障害との弁別

発達障害との弁別についてお話ししていきます。本書で紹介した不適応と発達障害との弁別が困難だと感じる場面は「環境に対する不快感が生じる」という点になります。本書で紹介した不適応では、本人にとって都合の悪い現実を加工したり回避してきたことで、「思い通りにならない状況」に対する不快感が強くなることはすでに示しました。

この不快感と、発達障害の子どもたちが示す「自身の特徴と環境との合わなさ」によって生じる不快感とが類似しているために、本書で紹介したようなしくみの不適応なのに「発達障害」だと思われていることが多いのです。

例えば、騒がしい教室に入った子どもが「こんなにうるさい場所には居たくない」と言って学校を休むという場合、たいていは「こだわりの強さ」「聴覚過敏の可能性」など、発達障害の要因が絡んでいないか考えていくことになります。ただ、「思い通りにならないのはおかしい」という前提で外界と接する子どもの場合、子どもが考えている「学校」のイメージから外れただけで「この場所はおかしい」「居たくない」といった反応になり得るのです。本書で指摘した特徴は、このような「真面目な形」でも現れることを知っておきましょう。他にも、発達障害の子どもは慣れない場所が苦手であることも知られていますが、「こころの奥底にある自信の無さ」や「万能的な自己イメージ」を備えている場合でも、自分がうまく機能できない可能性のある場所を嫌がる傾向が強く、結果として「初めての場所を嫌がる」という状態となるのです。

この不快感の弁別は大変難しいです。ですから私は、家族歴や生育歴を細やかに聞く中で見極めを行っています。養育の仕方や現在の子どもとの関わりで、第2章で挙げたような親の関わり方が顕著であれば、「これは関わりの中で改善する可能性がある特徴かもしれない」と考え、発達障害の支援方針を採用することは保留にして、経過を細かく見ていきます。また、その不快感や不適応が生じたタイミングも重要です。それまでの生育歴の中で、発達障害を疑うようなものがなかったにもかかわらず、「こころの奥底にある自信の無さ」が刺激されるような状況を境に、急に「落ち着きの無さ」「感覚過敏」といった反応が出てくる場合があります。前後関係が無い中で、こうした子どもの反応だけを見れば発達障害の可能性を考えるのはごく自然なことなので、間違えられやすいポイントであると言えます。

もちろん、「もともと発達障害の傾向があり、通常の場面では顕在化していなかったけど、強い負荷がかかったために特徴が見えてきたんだ」という捉え方もあるでしょう。そうした捉え方にも一理あると言えますから、支援者の価値観や考え方によって支援方針が変わりやすく、一概に「どっちが正しい」とは言い難いのです。支援者にとって大切なのは、自分の方針とその背景にある見立てを自覚し、それによって起こる変化を予測し、その予測から外れた事態が生じたときには、見立てを随時見直していく柔軟性だろうと思っています。

発達障害の場合、本人らの特徴に合わせた環境の調整が支援法の一つとして採用されることが多いのですが、本書で指摘している不適応に関しては環境の調整が功を奏するとは限らないのは既に述べたとおりです。具体的な事例を一つ示しましょう。

【事例1：特別支援学級から通常学級への措置替えに至った男子】

小学校四年生の男子。転校前の学校では、発達障害と診断されており、環境を男子の不快感を踏まえて調整してきた。転校後も引き続き特別支援学級に在籍しているが、男子の不快感の出し方や周囲への接し方から、発達障害以外の心理的課題が存在していると見立てられた。母親も男子の言動に違和感を覚えていたこともあり、スクールカウンセラーと話し合って、枠組みのある環境を構築し、その中で生じる不快感のやり取りを実践するようになる。当初は強い反発があったものの徐々に安定し始め、次年度には通常学級への措置替えになり、その後も問題を示すことなく中学校に進学する。

この事例では、宿題などに対して「やりたくないことはやらない」とはばかることなく放言していました。それ以外の言動からも、発達障害の特徴だけですべてを説明できるとは言い難かったので、見立てを修正し、家庭や学校と協力しながら対応していくことで、学校での適応具合に大きな改善が見られました。前述の通り、非常に見極めが難しいところではありますが、本書で紹介した不適応の特徴を頭の隅っこに置いてもらい、「もしかして……」と思う事例があれば、その可能性を家庭や学校と話し合ってみるのも良いかもしれません。

特に、「自分は発達障害なんだから、合理的配慮をしろ」「教師はそういう配慮をするのが仕事だろ」などのように自身が環境に合わせて変わるという意識が薄く、環境を改変しようとしていると受け取れるような言動が見られる場合には、発達障害に見える問題が存在していたとしても、それだけですべての問題を片付けるのではなく、本書で紹介したような不適応のしくみも潜んでいると考えて対応していくことをお勧めします。

身体症状との関わり

第2章で述べた通り、身体症状によって環境を無自覚のうちに操作しようとするというパターンも、本書で紹介した不適応には見られます。苦しい状況で身体症状が増大するため、「向き合う」という方針を採りにくいのは既に述べた通りです。

こうした身体症状に何らかの診断名が付されることもあり、そうなるとますます「本人が症状を訴える場面から遠ざける」という対応になっていきます。これは身体疾患の対応としては無理からぬことですが、症状の背後に本書で指摘した問題が控えているのであれば、子どもに苦しい状況からの回避というパターンが根強くなっていくリスクもあります。もしもこのパターンに陥っていると見立てられるなら、周囲の大人が「身体症状への理解」と「休養を許容する態度」を示しつつも、その身体症状によって生じる本人が被る不利益への懸念も伝えていくというのが基本的な態度になるでしょう。特に気をつけた方が良いのが、親の方から「今日の体調はどう？」ということを過剰に聞きすぎることです。こういう関わりが多くなるほど、子どもが身体症状を手放せなくなる傾向が見受けられます。ですから、「今日の気分はどう？」「学校に行くのが嫌な気持ちはある?」などのように、身体よりも気分・気持ちに焦点をあてた聞き方をする方が望ましいです。こういう関わりによって、次第に子どもが身体症状を訴えなくなったという事例も多く経験していますから、状況的に可能そうな場合は試してみても良いでしょう。

また、困難な状況で身体症状が生じやすい生育歴があります。それは、実際にその子どもが幼いころから身体疾患を有している場合です。はじめは単なる身体疾患だったものが、その症状を通して状況を回避できるというパターンが後から組み込まれたという形です。この場合、家族も学校も症状によって休むことに違和感を覚えにくいのですが、①医師から、すでにその疾患は大きな影響を与えないと見立てられている、②ここ数年できていたことなのに、その症状を理由にできない場面が増えているといった特徴が見られるのであれば、症状を介して状況を回避している可能性も探ると良いでしょう。

2　支援の落とし穴と予防について

見逃しやすい落とし穴

第4章で述べたような対応を親が一生懸命頑張ってやっているのに、それでも改善の具合が芳しくない事例があります。こうした事例に共通して見られやすい「落とし穴」をここでは簡単に述べていきます。

まず、親が頑張って子どもに枠組みを持って対応しようとしているのに、そんな親の対応を祖父母が台無しにしているというパターンはよく見られます。お金にせよ、ゲームにせよ、子どもが常識を越えた逸脱をしていたので、親が子どもの状態を踏まえて適切な制限を加えているだけなのに、祖父母が「そんなのは可哀想《かわいそう》だ」と制限を緩め、親の対応を批判するなどです。こんな感じで家庭内に「枠組みに基づいた対応」と「枠組みを緩める対応」が混在していると、「枠組みに基づいた対応」によって生じる効果が期待できにくくなります。遠く離れた祖父母のもとに遊びに行き、好きなように過ごすことを許され、家庭に戻るとワガママな姿になるため短期間苦労するというのは多くの家庭が経験していることでしょうし、何も問題がなければそういうことの繰り返しがあっても良いのですが、それの非常に深刻な形もあるのだと理解してもらえればわかりやすいです。こうした現象は親——祖父母で生じることもありますが、夫婦間（母親——

父親）で生じることもあり、改善の流れを澱《よど》ませる可能性がありますから留意しておきましょう。なお、こうした状況において、母親のみが頑張って何とか改善につなげていくこともあり得ますし、祖父母との交流を一時的に遮断して安定につなげていく（その場合、父母が自らの親に一言申せるかが大切になる）など様々なアプローチがあります。家庭に合わせて、可能なアプローチを模索していくことになるでしょう。

また、「ルールの緩さ」による落とし穴にも気をつけておく必要があります。学校と関連する枠組みに関しては、ある程度しっかりと提示できている場合でも、それ以外の枠組みが緩くなっているという場合があるのです。例えば、親が「苦手なことがあっても学校には行かないと」と伝えて子どもと向き合っているけど、食卓を囲む時に子どもが足を上げていても注意しなかったり、ゲームの時間が無制限で布団の中まで持ち込んで夜中までプレイしているなどです。これらは一見して関連がないことのように思えるかもしれません。ただ、親が子どもの心理的課題にしっかりと向き合っているのに、家庭のルールに「通常から逸脱した緩さ」があるために改善が生じにくいのは経験的事実です。こうした状況への理解として、①家でのルールに緩さを過剰に残すことで、「あっちで火を消して、こっちで火を付けて」ということになってしまっている、②家のルールを巡るやり取りを増やすことで、親子の関わりが自然と増え、それが子どもの支え・安定につながっている、などがあり得ます。そこまでガチガチにルールを固めなくても②が維持されている家庭であれば改善しやすいことから、重要なのは「ルールの設定」よりも「家庭内での関わりによる支え」なのかもしれませんが、その「家庭内の関わり」の一つにルールを巡るやり取りも含まれるので、相補的な関係にあるようにも思えます。

家庭でできる予防の例

第2章では、子どもに起こっている不適応のしくみについて説明しました。こうしたしくみを踏まえた家庭での予防を端的に述べると、「子どものネガティブなところともしっかり関わろうとすること」「その時に起こるごちゃごちゃとしたやり取りを重視すること」になります。ただ、これだけだと大雑把すぎるので、より具体的な視点からの予防案を述べておきましょう。

小学生になると宿題が出ますね。宿題の習慣をつけることは、小学校低学年の子どもたちにとって重要ですが、これは単に学習内容を身につけていくという理由だけでなく、「社会からの要請にはある程度応えていくものだ」というマインドを身につける上でも大切になります。「思い通りにならないのはおかしい」と思っている子どもほど、自分が外に合わせるということに拒否感を示しますし、そのマインドを残したままだと社会との適応が悪くなりがちです。親も「子どもを社会化させていく」という意識で子どもに宿題を促すことが大切な時期があるのです。

こうした社会化を促す関わりには、第3章でも述べたように、常に「個性への侵害」というテーマが付いて回ります。ただ、大人の役割は、子どもが社会との間で感じる「個性への侵害」に伴う不快感を受けとめ、納め、社会との折り合い点を見つけていくということだと私は確信しています。決して「個性への侵害だから社会がおかしい」という短絡的な考えに偏るのではなく、個性をもつ一人の人間として、社会の中で生きていける道を子どもと共に探っていくことが「子どもが社会の中で成熟する」ということだと思うのです。その間に起こることが「世界からの押し返し」であり、それに伴う

「ごちゃごちゃを受けとめる」ということになるのです。

他にも、小中学生では学校で行ったテストを出してもらうことも大切になります。点数をチェックするとかはまったく必要なく、子どもに苦手な教科や範囲があることを「子どもと共有する」機会として活用するのです。子どもに「こういうところが苦手なんだね」「お母さんはこういうのが苦手だったなぁ」などと伝えることが、「ネガティブな自分」を子どもが感じることを促し、それを感じている子どもを支えることになります。子どもによっては、良い点数のテストは出すけど、悪い点数のテストは出さないということもあります。そういうときには「悪い点数を取るあなただからといって嫌いになることはないし、悪い点数を取るあなたも大切なんだから、ちゃんと見せてほしい」と伝えることが大切になります。

本書では何度も叱ることの重要性を述べてきました。ただ、叱るにはそれなりのマナーが求められます。思いつくままに述べていくと、①一〇分を超えて叱らない――それ以上だと子どもには「叱責された」という感覚だけが残り、叱られている内容は入らない、②人格を否定しない――したことを叱っても、人格を貶《けな》すような関わりはもってのほか、③他の子どもと比べない――子どもの要求に対して「余所《よそ》は余所、うちはうち」と言いたいのであれば、親が「余所と子ども」を比べてはならない、④子どもはすぐには変わらないし、親の思い通りにもならないと考える――「思い通りにならない」という状況での振る舞いの手本を親が見せる、などになります。子どもを叱る際には気をつけてみてください。

最後に、やや奇を衒《てら》ったことを述べましょう。親は子どもに対して「価値観を押しつけること」を恐れないでほしいです。現代の風潮で生きていると「価値観を押しつけるのは良くない」と思いがちであり、確かに「親の価値観に沿わなければ捨てられてしまう」という恐怖が伴うような「押しつけ」はいただけません。ですが、そういう「拒否できない押しつけ」ではなく子どもも自分なりの価値観をぶつけてくるという流れを阻害しない「押しつけ」ならば問題ありません。そもそも、親は子どもに対して無自覚のうちに多くのことを「押しつけている」のです。何に笑い、何に喜び、何に怒るのか。そういう一挙手一投足すべてが、価値観の「押しつけ」です。ですから、せめて「自分たちが押しつけているという事実」を認め、親が生きてきて大切だと思う考え方、子どもが少しでも生きやすくなるための考え方を「押し返されることも許容した押しつけ」という形で示していくことが大切になります。

ちなみに、そうやって「押しつけられた価値観」を基準にしつつ、自分なりの人間関係や経験を以てこねくり回して「自分なりの価値観」を作り上げ、「親から押しつけられた価値観」を押し返してくる時期を「反抗期」と呼ぶのです。子どもが「反抗期」を示すためには、「親の価値観とは異なる価値観をぶつけても、親は自分を捨てることはない」という程度の信頼が必要です。最近、反抗期がない子どもの存在を耳にしますが、こういう「成長を促す押しつけ」をちゃんとしているのか、親子の信頼関係が保たれているのかを心配しているところです。

学校でできる予防の例

ここでは教師に向けてすることが多い、日常的な助言を述べておきます。「そんなことか」と思えるような小さく、日常的な助言ではありますが、だからこそ子どもや親からの反発は少なく、また、常態的に行いやすいアプローチになります。

子どもが苦手としていることやできていないことに向き合ってもらうためのアプローチとして、例えば、授業中に子どもたちが間違えた箇所について「消しゴムで消させない」「間違えた答えを残したまま、正しい答えを書く」といったことが考えられます。自らの間違いを認められない子どもの場合、テスト返しのときなどに間違った答えをすぐに消して、正しい答えを書いて終わりというパターンが見て取れます。自身がなぜ間違ったのかを精査することなく、答えだけ修正して終わりという形になってしまい、学びとしても積み重なっていきません。ですから、間違った箇所をそのまま残すことで、きちんと「間違った自分」と向き合ってもらうわけです。もちろん、「間違えるのは大切なこと」「間違いと向き合って、考えていくことが大事」という姿勢を教師がもちつつ関わることが前提になります。特に、子どもたちが「できない自分ではダメ」という間違った認識をもっていると見立てられるなら、「間違いを出せることが大事」と繰り返し言葉で伝えていくことが大切になります。

似たような文脈にはなりますが、よく行う助言として「辞書を引きましょう」があります。インターネットで調べるのと比較して、辞書を引くのは時間がかかるものです。

ですが、そんなややこしい辞書をわざわざ使用する利点は「調べている間はずっと「わからなさ」を体験している」という点にあります。第2章でも述べましたが、自分の否定的な側面を受け容れられない子どもは、学びの中で生じる「わからなさ」と向き合うことが苦手です。「辞書を引くという行為」で、その「わからなさ」を体験し、「わからないことがある自分」に慣れていく良い機会になるのです。

これらの工夫は一例に過ぎません。子どもの心理的課題をきちんと見極めておくことで、教師がその心理的課題に対応した工夫を現場で創案しやすくなるでしょう。より日常的な細かい工夫を積み重ねていくことが砂の一粒となり子どもを支えていくものになると私は信じています。

最後にちょっと特殊な対応についても述べておきましょう。古くから学校では、子どもが主体的に手を挙げた役割を担ってもらい、その役割を経て責任感を身につけさせるなどの心理的成長を促していくという手法を採用していました。もちろん、こうしたアプローチは大切なものになりますが、本書で解説した「万能的な自己イメージ」が前面に押し出されている事例の中には、やるべきことをやっていないにもかかわらず、重要な役割をやりたがるというパターンが見受けられます。以下のような事例になります。

【事例2：学級委員長に立候補するが……】

小学校四年生の男子。授業中の離席が多く、校内を歩き回るなどの行動が見受けられ、同級生のことを「下僕」と呼んでいる。年度頭の学級委員長を決める際に立候補する。担任から、多くの役割を責任持ってやらねばならないこと、今の学校での言動を改めない限りは任せられないことなどを伝えるが、言動に変化は見られない。校内で協議の上、学級委員長は任せられないこと、次の学級委員長を決めるまでにみんなが「あなたなら」と思えるような姿になっていてほしいし、そのための協力をしたい旨を本人に伝える。本人はその話をすんなりと受け入れる。

「万能的な自己イメージ」が前面に出ている事例では、「自己イメージ」と「現実の自分の立ち位置」の間に大きな乖離《かいり》が生じます。この乖離から目を逸らすように、また、

「万能的な自己イメージ」にしがみつくように、学校内で「偉く感じるような役割」「人の上に立つような役割」を求める子どもたちが見受けられます。このような経緯で役割を求める場合、日常生活の中で内心感じている劣等感を、役割を通して他者を下に見ることで代償しようとします。他者を下に見る味を覚えると変化・改善が生じにくくなりますし、この形で自尊心の回復を試みても、それは身につくことはありません。人を見下すことは、自分の自尊心の低さを苦く味わい直すことになるからです。

こうした「役割を与えない」という対応の意義は他にもあります。役割への立候補は本人が望んだように見えますが、その役割でやるべきことが明確に見えてきて、目前に迫ってくると、本人は強い不安を示すことがあるのです。「万能的な自己イメージ」によって立候補はしたものの、自身がそれに見合うほどの日常を積み重ねていないことを内心では理解しているのです。事例2においても、学級委員長任命の日が近づくにつれて落ち着かなくなる様子が見て取れ、母親も「プレッシャーが強くなっているんだと思う」と面接で語っていました。本人が「学級委員長になれない」ということをすんなりと受け入れたのも、この内心の苦しさがあったからだと考えられます。

こうした「役割を与えない」という方針について、学校では根強い抵抗があります。先述の通り、学校では役割を通して子どもの成長を促すという考えがあり、その考えに反するように感じられるのでしょう。また、これまでの学校の風潮から「手を挙げた子どもに任せないわけにはいかない」という意見も耳にしますし、もっともなことだと思います。周りの子どもが遠慮する（その子と競合すると厄介になると知っている）という話もあり、他に立候補がいなければ尚更任せざるを得ないことも多いでしょう。そういう場合でも、やるべきことをしっかりと提示し、その責任を果たすよう支えていくことが重要ですし、明らかに子どもが「役割にそぐわない状態」を示すようであれば、その状態を踏まえ、役割を維持するか否かも含めて、その都度話し合うという方針が大切になります。

3　最後に大切なことを

子どもたちに関わる大人たち

ようやく本書も終わりになります。最後に支援者としての考え方だったり、支援していく上での大切な姿勢について述べておきます。

「切っても切れない関係」である親であろうとも、子どものネガティブなところに向きあい、不穏感情を受けとめ、子どもが「ネガティブなところもある自分」を受容していくのは簡単なことではありません。また、親は、子どもを不適応にしようと思っているのではなく、幸せを願って「ネガティブなところ」に触れてこなかった場合がほとんどです。しかし、子どもの不適応へのアプローチとして、子どもの「ネガティブなところ」と関わるのは、それまでの子育てのやり方と矛盾が生じることになり、親は子育て観の変更を迫られる場合も少なくありません。つまり、親は子どもの不適応を改善するにあたり、多大な尽力を求められるわけです。

そして、これは学校も同様です。子どもの不適応が強かったり、問題行動が顕著であるほど、きちんとその不適応や問題について親に伝え、手を取り合って支援していこうとする姿勢が重要になります。ただ、子どもの問題を認めない親の場合には、こうした「手を取り合って支援する」という土壌を築くこと自体が困難であることもあります。

また、すべての親が子どもの「ネガティブなところ」と向き合い、子どもに向き合わせることができるわけでもありません。こんな中で子どもの心理的課題を正確に親に伝えていくのは大変なことであり、そして、その行為に説得力をもたせるためには「学校が適切に、誠実に対応してきた」という歴史が欠かせません。

こうした親にも学校にも負担がかかる支援において、スクールカウンセラーをはじめとした支援者に求められるのは「私はこの事例、この状況にコミットしていきます」という表明だと思います。どんなに子どもが暴力的な反応を示したとしても、その子どもや親との面接を「私がやります」と手を挙げる。親からの反発が予測されることであっても、それを伝えるのが自分の役割であり、それによって子どもが改善すると判断すれば実行する。目の前の事例や状況に関与し、自身が関与したことによって起こる事態に責任を持ち、自身が関わることができる最後の時まで関与し続けることが支援者にとって大切です。逆に、学校や親にばかり負担を強いることは言うが支援者は何もしない、その状況にコミットする意欲を見せない、暴力的な事例は苦手だからやらない……などというスタンスの支援者では、あらゆる支援方針が空虚なものになってしまうことでしょう。

思えば、この「私はこの事例、この状況にコミットしていきます」という意思の存在は、子どもを取り巻くすべての大人に求められることでもあります。子どもを成熟させていくため、子どもの心理的課題の改善を目指すためには、親は親としての責任を、学校は属する子どもたちの成長を促すという本懐を、教師はその仕事に付与される役割を、支援者は自らがそこに存在する意味をきちんと理解し、全うしていく姿勢がそれぞれに求められるのです。

「誰が支援を行うのか」という視点

第3章でも述べましたが、私が本書で挙げた子どもたちの特徴は、彼らやその親との面接で語られた出来事、生じた変化、細かいエピソードを時系列に記録したものに基づいています。実はこの方法、中井久夫先生が統合失調症の寛解過程(回復過程)を調べるために用いたやり方を踏襲しているのですが、中井先生の場合は主なデータが看護記録であったとされています。これに対して、私のもの記録の主なデータは「私自身との面接記録」および「面接で語られる家庭における子どもの様子・言動」「学校で見える子どもの様子・言動」になります。この点を踏まえると、一つ見逃してはならないことがあります。それは、本書で挙げた子どもたちの特徴やその支援法については、常に「私自身」が関わり続けてきたという要因が差し挟まっているということです。

アメリカの著明な精神科医サリヴァンは「関与しながらの観察」の重要性を指摘しています。「関与しながらの観察」というのは精神医学において臨床実践を行う上での重要な態度とされています。サリヴァンは「客観的観察のようなものは存在しない。あるのは「関与的観察」だけであり、その場合はきみも関与の重要因子ではないか」と述べており、私たちは相手に対して一方的な観察者であるということはなく、存在しているだけでも相手に何らかの影響を与えていることは間違いないのです。

つまり、本書で挙げた子どもたちの特徴や支援法についても、常に「私」という存在が影響を与えているからこそ浮かび上がってきたものであるという捉え方ができるわけです。これが多くの人に活用できるものであれば幸いですし、一方で、「私」という存在が欠けたために他の人には使いにくいものになる可能性も捨てきれません。もしかすると、「私」と似たような特徴を備えている人が本書を読んで対応するとうまくいっても、そうでない人はうまくいかないということもあり得ます。例えば、前項で述べたような「目の前の事例にコミットしていくぞ」というマインドは持っていても、それを実行に移せない立場にある人もいるわけです。そういう人は、本書の支援法を少なくとも直接的には実行しにくいと感じるでしょう。

一方で、本書で紹介したような子どもたちの社会的適応が難しくなっているエピソードから、また別の視点、別の支援法を「その人自身」という存在要因を踏まえて編み出していく人がいるかもしれません。そうやって子どもたちへの支援の幅が広がっていくことは歓迎することですし、そういう流れが生じることを願っています。

私は本書で紹介した子どもたちの不適応を招く特徴は、学校生活という狭い範囲で納まるようなものではなく、社会生活全般にも影響を与えかねないものであると考えています。また、「社会生活全般に影響が出てしまっている事例」にも緊急的に対応することも多いので、この子どもたちの不適応をできるだけ早期に改善していくことが重要だと確信しています。学校や親を含め、一人でも多くの支援者が子どもたちに起こっている事態を適切に認識し、できるだけ早期に支援の手を伸ばし、また、それぞれの支援者が自身を含めた支援法を模索し、それが多くの子どもたちや親に届くことを切に願います。

コラム　スクールカウンセラーは何をしている？

本書の著者である藪下先生は長くスクールカウンセラーとして働かれています。そして皆さんの学校にも、スクールカウンセラーがいらっしゃると思います。皆さんは、スクールカウンセラーはどんな仕事をしていると思いますか？

最もイメージしやすいのは、相談室やカウンセリングルーム（学校によって呼び方は様々だと思います）で、相談したい子や保護者とお話をしたり、カウンセリングをしたりしている姿でしょう。もちろん、児童生徒や保護者との個別面談は、スクールカウンセラーの重要な、また基本的な仕事のひとつです。個別面談で、悩みを聞いたり、助言をしたりすることで、不安が低減したりします。でも、スクールカウンセラーはずっと相談室などにこもっているわけではありません。

スクールカウンセラーの多くは、週に一日、四〜八時間程度しか学校に来ることはありません（勤務時間がもっと少ない地域もあります）。そのため、学校のことや児童生徒のこと、その一週間の間にあったことなどに関する情報を集める必要があり、学校の先生とお話をして、これらについて教えてもらわなければなりません。担任の先生、学年主任、部活の顧問の先生、保健室の先生などたくさんの先生とお話をして、これから面談で会う児童生徒のことを聞いたり、先生方の間で最近気になっている児童生徒の情報を教えてもらったりします。また、スクールカウンセラーの方からも、先生方に面談での様子や話した内容について伝えたり、先生が困っていることについて助言をしたりすることもあります（児童生徒本人の許可を得ないで勝手に先生に児童生徒が話してくれたことを伝えることはありませんので、ご心配なく）。

しかし先生方と話をするだけで、学校や児童生徒の様子がすべてわかるわけではありません。やはり自分で見て、初めてわかることも少なくありません。そのため、スクールカウンセラーは学校内をうろうろ歩くことがあります。廊下から授業を受けている様子を見ているときもあります。先生方が気になると言っていた児童生徒が、どんな子で、どのように授業を受けているのかを実際に見ることは、あとでその子と直接話をしたり、先生方に助言をしたりするうえで、重要な情報になります。グラウンドで体育の授業を受けていたり、部活動をしたりしている姿も見ている時もあります。体育ではグループやチームで活動することが多いため、クラスメイト間の関係性を垣間見ることができます。部活動では、その学校の部活動の方針や指導の仕方、生徒たちの取り組みの様子が把握できます。休み時間中も、廊下を歩いて、挨拶をしたり声をかけたりします。休み時間も学校の雰囲気を知る大切な時間なのです。

また、スクールカウンセラーの顔を生徒に知ってもらうことも大切な仕事です。誰だって、初対面の人に自分の悩みを話すことには抵抗があります。それがスクールカウンセラーであっても同じです。むしろ、（スクール）カウンセラーというよくわからない（胡散《うさん》臭い？）肩書きの人だと、よけい話したくないかもしれません。そのため、普段から自分の顔を児童生徒にみせて、挨拶をしたり話しかけたりして、「私はこんな人ですよ」「あやしい人ではありませんよ」と伝えていくことで、スクールカウンセラーと話をするということに対する児童生徒の抵抗感を低めていくことができるのです。

自分のことを伝えるという点で大切になるのが、お便りです。スクールカウンセラーが独自に発行している「相談室便り」のような形もあれば、保健室の先生（養護教諭）が発行している「保健便り」の一部に、スクールカウンセラーのコーナーが作られている場合もありますが、このお便りもスクールカウンセラーのことを知ってもらう大切なツールです。「来月は○日と×日に来ますよ」というような在室予定日を伝えたり、「私は○○が好きです」「最近、××にはまっています」など自分のことを書いたりすることもあります。このようなことから、同じものが好きだからスクールカウンセラーと話してみようかなと思ってもらえるかもしれません。また、リラックスの仕方や心理学に関するマメ知識を伝える場合もあります。このようなお便りは、児童生徒だけでなく保護者も目にするものです。そのため、子どもの心に関することや子育てのヒントを書くこともあります。このようなお便りを通して、スクールカウンセラーを身近に感じてもらおう、何かあったら相談してみようと思ってもらおうとしているのです。

このほか、学校の先生方に研修をすることもありますし、授業時間や集会のときに心の健康について児童生徒にお話しすることもあります。児童生徒が通っている病院、教育支援センター（適応指導教室）、児童相談所のような関係機関に連絡したり、情報共有をしたりすることもあります。不登校で学校に来られない子に対しては電話をしたり、家庭訪問をしたりすることもあります（地域によっては、スクールカウンセラーの家庭訪問を禁止しているところもあります）。個別面談をしたり、情報共有をした場合には、そのことを記録しておく必要がありますので、報告書なども作成しなければなりません。

このようにスクールカウンセラーは、おそらく皆さんが思っているよりも多くのことをやらなければならず、とても忙しいです。しかし、これらはすべて児童生徒の心が健康で、楽しく学校生活を送るためにやらなければならないことです。ですが、どんなにスクールカウンセラーが頑張っても、児童生徒（皆さん）が悩みや相談事を話してくれなければ、児童生徒のことを知ることもできませんし、児童生徒のために何かをすることもできません。まずは遠慮しないで、スクールカウンセラーに話をしてみてください。どんな話であっても、ちゃんと聞いて、受け止めてくれると思いますよ。

おわりに

ようやく本書を書き終えることができました。

「はじめに」で述べた通り、本書は現代の子どもたちの不適応や問題に多い「しくみ」を描き出したものです。

こういう「しくみ」を説明すると、目の前の子どもをこの「しくみ」に当てはめてしまいたくなるのが人の性かもしれません。もちろん、子どもを理解する足掛かりとして、まずは当てはめてみることもあって良いでしょう。

しかし、本書で述べた「しくみ」は、実践の場では「仮説」の一つに過ぎないことを忘れてはいけません。懸命に子ども（やその親）と関わり続けていれば、本書の「しくみ」以外の「仮説」が見えてくることもあるはずです。そういう時に、本書の「しくみ」にしがみつかず、かといって簡単に手放すでもなく、いくつもの「仮説」の間を漂いながら「ああでもない」「こうでもない」と考える中で、ふとした時に目の前が拓《ひら》けてくる。そういうことが大切なんだと私は考えています。

本書が子どもたちを支援する大人にとって、重要な「仮説」を示唆するものになることを願っていますし、そうなればこの本を書いた意味があったと私は思います。

最後になりますが、本書を出版まで導いてくださり共著者にも名を連ねてくださった和光大学の髙坂康雅先生、原稿を熱心に読んでくださり励ましのコメントをくださった編集者の甲斐いづみさんに感謝の気持ちを記します。ありがとうございました。

引用文献・参考文献

American Psychiatric Association（二〇二二）『Diagnostic and Statistical Manual of Mental Disorders』。日本精神神経学会（日本語版用語監修）髙橋三郎・大野裕（監訳）染矢俊幸・神庭重信・尾崎紀夫・三村將・村井俊哉・中尾智博（訳）（二〇二三）『ＤＳＭ－５－ＴＲ 精神疾患の診断・統計マニュアル』医学書院。

内田樹（二〇〇八）『街場の教育論』ミシマ社。

内田樹（二〇一一）『「おじさん」的思考』角川文庫。

内田樹（二〇一七）『困難な成熟』夜間飛行。

内田樹（二〇一八）「学びとは「不全感」より始まる」、全国不登校新聞社（編）『学校に行きたくない君へ』ポプラ社（pp199-220）。

内田樹（二〇一九）『武道的思考』ちくま文庫。

尾田栄一郎（一九九七）『ONE PIECE』集英社（第一巻）。

神田橋條治（一九八八）『発想の航跡 神田橋條治著作集』岩崎学術出版社。

神田橋條治（二〇〇九）現代うつ病の養生論「紹介患者に見るうつ病治療の問題点」改め「うつ病診療のための物語私案」招待講演、神庭重信・黒木俊秀（編）『現代うつ病の臨床 その多様な病態と自在な対処法』創元社（pp258-276）。

Gabbard,G.O（一九九四）『Psychodynamic Psychiatry in Clinical Practice』。舘哲朗（訳）（一九九七）『精神力動的精神医学　その臨床実践［ＤＳＭ－Ⅳ版］③臨床編：Ⅱ軸障害』岩崎学術出版社。

斎藤環（二〇一五）『オープンダイアローグとは何か』医学書院。

Sullivan,H.S.（一九五三）『The Interpersonal Theory of Psychiatry』。中井久夫・宮崎隆吉・高木敬三・鑪幹八郎（訳）（一九九〇）『精神医学は対人関係論である』みすず書房。

Sullivan,H.S.（一九五四）『The Psychiatric Interview』。中井久夫・松川周二・秋山剛・宮崎隆吉・野口昌也・山口直彦（訳）（一九八六）『精神医学的面接』みすず書房。

下坂幸三（二〇〇一）『摂食障害治療のこつ』金剛出版。

田中茂樹（二〇一一）『子どもを信じること』さいはて社。

滝川一廣（二〇一二）『学校へ行く意味・休む意味　不登校ってなんだろう？　どう考える？　ニッポンの教育問題』日本図書センター。

土居健郎（二〇〇〇）『「甘え」理論の展開　土居健郎選集2』岩波書店。

中井久夫（一九九八）『最終講義 分裂病私見』みすず書房。

中井久夫・山口直彦（二〇〇四）『看護のための精神医学 第2版』医学書院。

中井久夫（二〇一一）『世に棲む患者 中井久夫コレクション』ちくま学芸文庫。

中井久夫（二〇一一）『「つながり」の精神病理 中井久夫コレクション』ちくま学芸文庫。

成田善弘（二〇一〇）『精神療法面接の多面性 学ぶこと、伝えること』金剛出版。

Freund,S.（一九一六・一九一七）『Introductory Lectures on Psycho-Analysis』。懸田克躬・高橋義孝（訳）（一九七一）『精神分析入門（正）フロイト著作集1』人文書院。

西丸四方・西丸甫夫（二〇〇六）『精神医学入門改訂25版』南山堂。

養老孟司（二〇二三）『ものがわかるということ』祥伝社。

養老孟司（二〇二三）『養老孟司の人生論』ＰＨＰ文庫。

鷲田清一（二〇一九）『濃霧の中の方向感覚』晶文社。

ちくまプリマー新書

236
〈自分らしさ〉って何だろう?
——自分と向き合う心理学
榎本博明
青年期に誰しもがぶつかる〈自分らしさ〉の問題。答えを見出しにくい現代において、どうすれば自分らしく生きていけるのか。「自己物語」という視点から考える。

270
「今、ここ」から考える社会学
好井裕明
私たちがあたりまえと思って過ごしている日常を社会学を使って見つめ直してみよう。疑いの目を向けることで新しい世界の姿が浮かびあがってくる。

310
国境なき助産師が行く
——難民救助の活動から見えてきたこと
小島毬奈
貧困、病気、教育の不足、女性の地位の低さ、レイプなど、難民の現実は厳しい! でも、また救助に行きたくなる不思議な魅力がある。日本と世界の見方が変わる。

316
なぜ人と人は支え合うのか
——「障害」から考える
渡辺一史
障害者を考えることは健常者を考えることであり、同時に自分自身を考えること。なぜ人と人は支え合って生きるのかを「障害」を軸に解き明かす。

336
ダイエット幻想
——やせること、愛されること
磯野真穂
モテたい、選ばれたい、認められたい……。ダイエットの動機は様々だけど、その強い思いで生きづらくなっていませんか? 食べると生きるをいま見つめなおそう!

ちくまプリマー新書

379
リスク心理学
——危機対応から心の本質を理解する
中谷内一也
人間には危機に対応する心のしくみが備わっている。しかし、そのしくみには一癖あるらしい。感情と合理性の衝突、リスク評価の基準など、最新の研究成果を紹介。

392
「人それぞれ」がさみしい
——「やさしく・冷たい」人間関係を考える
石田光規
他人と深い関係を築けなくなったのはなぜか——相手との距離をとろうとする人間関係のありかたや、「人それぞれ」の社会に隠れた息苦しさを見直す一冊。

397
ようこそ、心理学部へ
同志社大学心理学部編
犯罪から食欲、記憶から感情までを扱い、生理的仕組みを解明し日常的な行動の改良を目指す——。深くて広い心理学の多様な世界を講義形式で紙上体験する入門書。

402
ヤングケアラーってなんだろう
澁谷智子
中学校の1クラスに2人はいる——家族の世話や家事を行う子どもたちを指す「ヤングケアラー」。彼らがおかれた状況や支援の取り組みを知るための一冊。

403
私たちはどう学んでいるのか
——創発から見る認知の変化
鈴木宏昭
知識は身につくものではない⁉ 実は能力を測ることは困難だ⁉ 「学び」の本当の過程を明らかにして、教育現場によってつくられた学習のイメージを一新する。

ちくまプリマー新書

404
やらかした時にどうするか
畑村洋太郎
どんなに注意しても、失敗を完全に防ぐことはできない。ピンチはチャンス！　失敗を分析し、糧にする方法を身につけて、果敢にチャレンジできるようになろう！

409
ウンコの教室
――環境と社会の未来を考える
湯澤規子
学校のトイレに行けない問題からSDGsまで、ウンコから未来を考える。衣食住に「便」を入れると見えるものとは。文理、歴史の壁を越えた探究の旅に出かけよう。

418
「心のクセ」に気づくには
――社会心理学から考える
村山綾
私たちの心の動きはある型にはまりやすい。しかも、その傾向にはメリットとデメリットが存在する。不安やいざこざを減らすために、心の特徴を学ぼう。

421
集団に流されず個人として生きるには
森達也
過剰に叩かれる宗教団体、危機を煽るメディア、ネットの炎上……集団は強い絆と同調圧力を生み、時に暴走する。そこで流されないためにはどうすればいいのか。

426
嫌な気持ちになったら、どうする？
――ネガティブとの向き合い方
中村英代
ちょっとした不安から激しい怒りまで、気持ちがゆれることは誰にもある。でも、それに振り回されるのではなく、性質や特徴を知ってこの気持ちに対処しよう。

ちくまプリマー新書

427
客観性の落とし穴
村上靖彦

「その意見って、客観的なものですか」。数値化が当たり前になった今、こうした考え方が世にはびこっている。その原因を探り、失われたものを明らかにする。

428
「死にたい」と言われたら
——自殺の心理学

末木新

日本人の約2％が自殺で死亡している。なぜ自殺は起こるのか、自殺は悪いことなのか、死にたい気持ちにどう対応するのか——心理学の知見から考える。

433
10代の脳とうまくつきあう
——非認知能力の大事な役割

森口佑介

幸福な人生のためには学力以外の能力も重要。目標の達成に関わる「実行機能」や、自信に関わる「自己効力感」など、10代で知っておきたい非認知能力を大解説！

435
はじめてのフェミニズム
デボラ・キャメロン
向井和美訳

女性にはどんな権利が必要？　「女の仕事」はどう生まれた？　多様で複雑なフェミニズムの議論の歴史を、多様で複雑なまま、でもわかりやすく伝えます。

438
ケアしケアされ、生きていく
竹端寛

ケアは「弱者のための特別な営み」ではない。あなたが今生きているのは赤ん坊の時から膨大な「お世話」＝ケアを受けたから。身の回りのそこかしこにケアがある。

ちくまプリマー新書449

「叱《しか》らない」が子《こ》どもを苦《くる》しめる

二〇二四年二月十日　初版第一刷発行
二〇二四年八月五日　初版第五刷発行

著者　藪下遊（やぶした・ゆう）
　　　高坂康雅（こうさか・やすまさ）
装幀　クラフト・エヴィング商會
発行者　増田健史
発行所　株式会社筑摩書房
　　　東京都台東区蔵前二-五-三　〒一一一-八七五五
　　　電話番号　〇三-五六八七-二六〇一（代表）
印刷・製本　中央精版印刷株式会社

ISBN978-4-480-68474-5 C0211 Printed in Japan